AF568222

»Es gibt in unserem politischen Vokabular nur wenige Begriffe, die sich einer solch umfassenden Beliebtheit wie das Wort Faschismus erfreuen, ebenso aber gibt es nicht viele Konzepte im politischen Vokabular der Gegenwart, die gleichzeitig derart verschwommen und unpräzise umrissen sind.«

Mit diesem Satz leitete der bedeutende israelische Historiker Zeev Sternhell 1976 seinen Aufsatz »Faschistische Ideologie« ein. Dieser Satz gilt bis heute – insbesondere für Deutschland. Daher nimmt Sternhell in dieser Einführung (die nun in einer überarbeiteten Neuausgabe vorliegt) eine genaue Bestimmung des Begriffes Faschismus aus seiner historischen und ideologischen Entwicklung heraus vor.

Zeev Sternhell ist emeritierter Professor für Geschichte an der Hebräischen Universität in Jerusalem und lebt in Tel Aviv. Er veröffentlichte unter anderem: »Maurice Barrès et le nationalisme français« (1972) »Ni droite, ni gauche. L'idéologie fasciste en France« (1983), »Naissance de l'idéologie fasciste« (1989, deutsch: »Die Entstehung der faschistischen Ideologie«, Hamburg 1999).

ZEEV STERNHELL

FASCHISTISCHE IDEOLOGIE

EINE EINFÜHRUNG

Aus dem Englischen
von Volkmar Wölk

VERBRECHER VERLAG

Zweite Auflage

Verbrecher Verlag Berlin 2025
© 2019 Verbrecher Verlag

Verbrecher Verlag GmbH
Gneisenaustraße 2a
10961 Berlin
info@verbrecherei.de
www.verbrecherei.de

Satz: Christian Walter
Druck und Bindung: CPI Clausen & Bosse, Leck

ISBN: 978-3-95732-312-5

Printed in Germany

Der Verlag dankt Leonie Jeismann, Laura lo Conte, Till Tannhäuser und Philipp Bräuner.

INHALT

Es gibt in unserem politischen Vokabular nur wenige Begriffe, die sich einer solch umfassenden Beliebtheit wie das Wort Faschismus erfreuen, ebenso aber gibt es nicht viele Konzepte im politischen Vokabular der Gegenwart, die gleichzeitig derart verschwommen und unpräzise umrissen sind.

Tatsächlich scheint es so zu sein, als ob die Erforschung des Faschismus noch in den Kinderschuhen stecke, und dass es zu wenige Wissenschaftler gebe, die sich umfassend um ein tiefgreifendes Verständnis dieses Phänomens bemühen. Die bisherigen Forschungen wurden dabei u. a. durch den Umstand behindert, dass der Faschismus, der vor allem nationalistisch und deshalb an erster Stelle eine Ideologie des Ausschlusses war, unter Gegebenheiten gedieh, die sich erheblich voneinander unterschieden – sowohl in den großen Industriezentren Westeuropas als auch in den unterentwickelten Ländern Osteuropas – und sich seit seinen Anfängen sowohl an die jeweiligen intellektuellen Eliten als auch an die unwissende Landbevölkerung wandte. Der Faschismus findet seine Anhängerschaft oder seine offensichtliche Verankerung nicht in irgendeiner bestimmten sozialen Klasse, und seine geistigen

Ursprünge sind in sich selbst bereits verwirrend. In seinem eingeschränktesten Sinn wird das Wort *Faschismus* einfach auf das politische Regime in Italien in der Periode zwischen den beiden Weltkriegen angewandt; im Gegensatz dazu wird die Kennzeichnung *faschistisch* in ihrem weitesten Sinn als Schimpfwort par excellence, endgültig und keinen Widerspruch duldend, besonders durch Linke unterschiedlichster Färbung genutzt.

Der emotionale Gehalt dieses Wortes hat lange Zeit dazu beigetragen, dass ein politisches Konzept im Dunkeln verblieb, das noch nie ganz klar war. Wenn sowohl Mussolini als auch Léon Blum, Franklin D. Roosevelt, Franco und José Antonio, Codreanu, Pilsudski, Henri de Man, Joseph McCarthy und Charles de Gaulle als Faschisten bezeichnet worden sind, was kann dann ein Gattungsbegriff Faschismus noch aussagen? Und solange Sozialisten von Kommunisten als Sozialfaschisten bezeichnet wurden, während die preußischen Junker, die italienischen Konservativen oder die französische Bewegung Croix de Feu von genau den gleichen Leuten als faschistisch beschrieben wurden, die selbst durch Togliatti, Thorez und Thälmann als Faschisten denunziert wurden, wie konnte es da für die Mehrheit der politisch gebildeten Menschen möglich sein zu beurteilen, was Faschismus wirklich bedeutet?

Obwohl in den 1960er Jahren ein Durchbruch gelang, indem die ersten umfassenden Untersuchungen des Gegenstands es uns ermöglicht haben, die Gestalt des Faschismus in einer Weise zu skizzieren, die nur wenige Jahre zuvor nicht möglich gewesen wäre, ist inzwischen klar, dass es noch immer keine einfache Angelegenheit ist, Faschismus präzise zu bestimmen, und dass noch immer keine allgemein anerkannte oder eine als gültig angesehene Definition des Faschismus existiert. Wir können uns mit einiger Berechtigung optimistischer fühlen als Professor Hugh Seton-Watson, der die Ansicht vertritt, dass wissenschaftliche Präzision gegenwärtig nicht erreichbar und es zweifelhaft sei, ob sie es jemals sein werde.[1] Aber trotz dieses Optimismus dürfen wir nicht die weiterhin bestehenden Schwierigkeiten übersehen.

Wir sollten allerdings bedenken, dass eine Definition des Begriffs Demokratie keineswegs einfacher ist: Die Konzepte sind zu breit angelegt, um sie in Worte zu fassen. Es ist sehr wahrscheinlich, dass kein einziges historisches Beispiel die genauen Definitionskriterien eines sorgsam konstruierten »Modells« von Faschismus oder Demokratie erfüllen kann. Das mag Professor N. Kogan im Sinn gehabt haben, der nach der sorgfältigen Erarbeitung eines Sechs-Punkte-Modells des Faschismus, wobei er viele seiner Beispiele für faschistisches Denken und Handeln aus dem italienischen Regime übernommen hatte, zu dem ziemlich überraschenden Schluss kam, dass der Praxis nach »Italien unter dem Faschismus kein faschistischer Staat war«[2]. Dies ist in der Tat zutreffend, wenn Kogan zu verstehen geben will, dass Italien unter dem Faschismus

1 Hugh Seton-Watson, *Fascism, Right and Left*, in: Journal of contemporary History, 1/1966, Nr. 1, S. 188.
2 N. Kogan, *Fascism as a Political System*, in: S. J. Woolf (Hg.), *The Nature of Fascism*; London 1968, S. 16.

kein *idealer* faschistischer Staat gewesen ist. Der gleiche Nachweis könnte bezüglich der Demokratie oder des Kommunismus geführt werden. Was ist das Idealbild der Demokratie oder des Kommunismus, was sind – in aller Exaktheit – die dazu gehörenden Bestandteile und wo sind sie in die Praxis umgesetzt?

Die Beantwortung der Frage wird sogar noch komplexer, wenn wir das Feld der Untersuchung auf die Ideologie des Faschismus einschränken. Umfassende Übereinstimmung bestand über lange Jahre hinweg in der Ansicht, beim Faschismus entweder einen völligen Mangel ideologischer Konzepte feststellen zu können oder aber davon auszugehen, dass sich dieser um des Erfolges willen in einige wenige Fetzen einer Lehre gehüllt habe, die deshalb weder ernst genommen werden müsse, noch im mindesten die Bedeutung habe, die der Herrschaft politischer Ideen über eine politische Bewegung allgemein zugewiesen wird. Diese Meinung war fast immer mit einer grundsätzlichen Weigerung verbunden, den Faschismus als irgendetwas anderes als einen schrecklichen Lapsus in der europäischen Geschichte zu betrachten. Dem Faschismus eine theoretische Dimension zuzugestehen, könnte dazu führen, ihm einen Platz und eine Bedeutung in der Zeitgeschichte zuzuweisen, was vielen Menschen, von der Linken wie von der Rechten, widerstrebte, oftmals aus Gründen, die zugleich ähnlich und widersprüchlich sind.

Die offizielle marxistische Interpretation des Faschismus, die diesen als die Schöpfung des Monopol- oder Finanzkapitalismus begreift und seine Ideologie als unreife Rationalisierung kapitalistischer Interessen, hat ebenfalls dazu beigetragen, das Studium der faschistischen Ideologie im Stillstand verharren zu lassen. Lange Zeit galt die bloße Vorstellung, dass der Faschismus eine Massenbewegung sein könnte, die von einer Ideologie getragen sei, die an die Bedürfnisse der modernen Politik und der Massengesellschaft angepasst sei, als *contra bona mores*. Und während der Kriegsjahre wurde derjenige, der diese Ansicht vertrat, – zuweilen mit gutem Grund – verdächtigt, wenn schon nicht mit dem Faschismus bzw. Nazismus zusammenzuarbeiten, so doch zumindest dieser Ideologie gegenüber eine positive Haltung einzunehmen.

Andere Interpretationen des Faschismus stützten sich auf die Argumentation, dass es dem Faschismus oder dem Nationalsozialismus zwar nicht völlig an einer Ideologie mangelte, dass diese aber vollkommen nebensächlich und unwichtig gewesen sei. Sie behaupteten, dass Mussolini und Hitler zur Macht gekommen seien, ohne Wert auf die Natur ihrer Doktrin gelegt zu haben, bzw. dass diese Doktrin nach der Machtübertragung nicht in die Praxis umgesetzt worden sei. Beide könnten deshalb als Abenteurer und Opportunisten ohne Überzeugung und Prinzipien charakterisiert werden. Es ist notwendig zu erwähnen, dass solcherlei Überlegungen bei der Analyse des Kommunismus selten ins Spiel gebracht werden. Denn wenn dies getan würde, könnte niemand mehr behaupten, in der Oktoberrevolution oder in der Machtergreifung durch andere kommunistische Parteien sei eine sorgfältige Umsetzung der von Marx und Lenin oder irgendeinem ihrer Schüler verkündeten Ideen zu erkennen. Es wäre tatsächlich schwer zu behaupten, dass die Entwicklung im Sowjetstaat durch einen solchen ursächlichen Zusammenhang beherrscht wird, da die Politik den Anforderungen der marxistischen Philosophie entspricht. Wer wäre, was das betrifft, in der Lage, von Tag zu Tag zu bestimmen, was diese Anforderungen sind? Und wer würde dafür als kompetent erachtet werden?

Und trotzdem wird die kommunistische Ideologie breit untersucht, um Einsichten in die kommunistische Praxis zu erhalten. Sie wird allgemein als wesentlich für unser Verständnis des Kommunismus als eines umfassenden Systems sozialer und politischer Organisation betrachtet. Es besteht keinerlei Grund, warum eine identische Methode nicht auf den Faschismus angewendet werden sollte. Überdies hat Professor Eugen Weber herausgestellt, dass wir selbst dann aus der Untersuchung faschistischer oder nationalsozialistischer Manifeste beträchtlich lernen können, wenn diese nicht vollständig oder überhaupt nicht umgesetzt worden sind. Dies gilt besonders dann, wenn wir sie mit ähnlichen Programmen oder Doktrinen vergleichen, die in anderen Ländern und möglicherweise unter anderen Verhältnissen entwickelt worden sind. Politiker wissen ebenso wie Politikwissenschaftler sehr wohl, dass Plattformen und Ideologien Bedeutung zukommt. Teilweise erzählen sie uns tatsächlich etwas darüber, was ein Kandidat und seine Partei denken (gerne denken würden oder wünschen, dass die Öffentlichkeit denkt, dass sie es denken), und teilweise spiegeln sie die Meinung der Öffentlichkeit wider, nämlich bezüglich der Themen, die diese Öffentlichkeit wahrscheinlich ansprechen, damit sie entsprechend wählt oder in irgendeiner anderen Weise unterstützend wirkt.[3]

Die vorliegende Arbeit befasst sich mit Faschismus. Sie beschränkt sich auf den Faschismus und ignoriert bewusst den Nazismus. Dies geschieht sowohl aus Platzgründen und der Arbeitsteilung mit anderen Autoren als auch aus inhaltlichen Überlegungen. Eine Diskussion über den Nazismus hätte die Betrachtung weit über das hinaus ausgeweitet, was vernünftigerweise im Rahmen dieses Bandes erreicht werden kann, denn Nazismus kann meiner Meinung nach nicht als eine bloße Variante des Faschismus behandelt werden: seine Betonung des biologischen Determinismus schließt alle Bemühungen aus, ihn als solche zu betrachten. Bereits diese Frage ist hochkompliziert, und eine Untersuchung der spezifischen Charakteristika des Nazismus in Bezug auf seine Gemeinsamkeiten mit dem Faschismus würde weniger ein Studium des Faschismus erfordern als vielmehr eine vergleichende Analyse von Faschismus und Nazismus. Dies bleibt selbst dann richtig, wenn man den Nazismus als eine Verschärfung des Faschismus betrachtet. Die neue Qualität eines politischen Phänomens ergibt selbst ein neues und davon abweichendes Phänomen. Dies soll nicht heißen, dass es in bestimmten Ausprägungen des Faschismus nicht ebenfalls einen rassistischen Faktor gegeben hätte. Beispielsweise gab es in Frankreich eine Strömung des Faschismus, die in dieser Hinsicht dem Nazismus stärker ähnelte als dem italienischen Faschismus. Trotzdem zwingen

3 Eugen Weber, *Varieties of Fascism*; New York 1964, S. 10 f.

uns die offenkundigen Tatsachen insgesamt zu dem Eingeständnis, dass es einen Punkt gibt, ab dem der Grad des Extremismus einer politischen Bewegung radikal den grundlegenden Charakter dieser Bewegung verändert.

Darüber hinaus wird sich dieser Artikel auf die Untersuchung der faschistischen Ideologie beschränken. Professor Martin Seliger zufolge wird der Terminus *Ideologie b*enutzt, um einen konzeptionellen Bezugsrahmen mit Auswahlkriterien und Entscheidungshilfen zu schaffen, durch den die wesentlichen Aktivitäten einer organisierten Gemeinschaft bestimmt werden. Deshalb sind die Zusammenstellungen von Ideen, durch die Menschen die Ziele und Zwecke organisierter sozialer Handlung zur Bewahrung oder Wiederherstellung einer gegebenen Realität erklären und rechtfertigen, Ideologien. In der Tagespolitik können zwei unterschiedliche Arten ideologischer Argumentation beobachtet werden. Jedes handlungsorientierte Denken, von der politischen Philosophie bis herab zur Parteiideologie, beinhaltet von Anfang an pragmatische Rücksichtnahmen. Für eine Partei oder Bewegung an der Macht oder im Kampf um die Macht steigt unvermeidlich die Notwendigkeit einer mehr oder weniger offenen Darlegung der unmittelbaren Ziele. Keine Partei ist bei der Gestaltung spezifischer Politikfelder unter den herrschenden Gegebenheiten jemals in der Lage gewesen, Handlungsweisen zu vermeiden, die unvereinbar oder zumindest schwer in Einklang zu bringen sind mit den grundlegenden Prinzipien und Zielen, die sie in ihrer Ideologie herausgestellt hat. Ein Konflikt entsteht nicht einfach zwischen Ideologie und Handlung, sondern auch innerhalb der Ideologie selbst. Das Problem, die doktrinäre Reinheit der Bewegung zu wahren, besteht in den Parteien aller politischen Systeme, und seine Existenz bestätigt die Tatsache einer zweidimensionalen Argumentation.[4]

Deshalb besteht die erste grundlegende Unterscheidung bei der Betrachtung faschistischer Ideologie in der zwischen Faschismus an der Macht und Faschismus in der Opposition, zwischen Bewegungen und Herrschaftssystemen, zwischen den Ursprüngen und dem Reifestadium. Faschismus an der Macht war etwas, zu dem faschistische Parteien, abhängig vom betreffenden Land, bemerkenswert unterschiedliche Beiträge erbrachten. Jedes Land, in dem es eine faschistische Partei gab, wies Besonderheiten auf, die berechtigterweise von den dortigen politischen Organisationen berücksichtigt wurden. Nichtsdestotrotz wurden diese nationalen Gegebenheiten normalerweise nochmals stärker herausgehoben, wenn ein sogenanntes faschistisches Regime im Entstehen begriffen war. Deshalb weisen Bewegungen wesentlich mehr Gemeinsamkeiten auf als dies bei Regimen der Fall ist. Sie verfügen in der Tat über eine beträchtliche Menge an Gemeinsamkeiten. Daher lässt sich daraus eine klare Vorstellung davon ableiten, was die faschistische Ideologie ausmacht.[5]

4 Cf. ibid., S. 9 f.; Martin Seliger, *Fundamental and Operative Ideology: The Two Principal Dimensions of Political Argumentation,* in: Political Sciences, 1 (1970), S. 325–327.
5 Cf. die Einleitung von S. J. Woolf in *European Fascism*, London 1968, S. 9 und Michael Hurst, *What is Fascism*, in: The Historical Journal, XI, 1 (1968), S. 166 u. 183.

Mussolini und andere faschistische Führer argumentierten folgerichtig, dass die grundlegenden doktrinären Postulate faschistischer Regime eine Art von universalem Charakter aufwiesen, aber bis Mitte der sechziger Jahre wurde seltsamerweise der universale Aspekt der faschistischen Lehre fast vollständig übersehen. Trotzdem werden faschistische Ideologen niemals müde zu behaupten, der Faschismus sei, in den Worten von Sir Oswald Mosley, »ein weltweites Glaubensbekenntnis. Jede der großen politischen Denkschulen ist ihrerseits eine universale Bewegung gewesen: Konservatismus, Liberalismus und Sozialismus stimmen in nahezu jedem Land überein ... In dieser Hinsicht nimmt Faschismus genau die gleiche Stellung ein«[6]. Bereits Mussolini hatte angeführt, dass »Faschismus als Idee, Doktrin und Verwirklichung universal ist«, denn »niemals zuvor haben die Völker so wie heute nach Autorität, Führung und Ordnung gedürstet. Wenn jedes Zeitalter seine Doktrin hat, dann deuten zahllose Symptome darauf hin, dass die Doktrin unseres Zeitalters die faschistische ist.«[7]

Die zweite Unterscheidung, die man im Gedächtnis behalten muss, besteht in dem, was wir mit Seliger die fundamentalen und die operativen Dimensionen der Ideologie nennen

6 Oswald Mosley, *The Greater Britain*, London 1932, S. 14.

7 Benito Mussolini, *Political and Social Doctrine*; in: *Fascism: Doctrine and Institutions*, Rome 1935, S. 31 u. S. 34, Anm. 2. Neben anderen fundamentalen Texten faschistischen Denkens und dessen Gesetzgebung enthält dieser Band »Grundlegende Gedanken«, die für Mussolini von Gentile geschrieben worden sind.

können: die grundlegenden Prinzipien, die die Endziele bestimmen, und die operative Ideologie, deren Aufgabe darin besteht, die aktuell durch eine Partei ersonnene oder durchgeführte Politik zu rechtfertigen. Abweichungen von den Grundaussagen in der Praxis sind ein universales Phänomen.[8] Faschistische Bewegungen und faschistische Regime können deshalb nicht als prinzipienloser betrachtet werden als irgendwelche anderen Bewegungen und Regime, besonders wenn es sich um revolutionäre handelt. Als Leonard Shapiro über dieses Thema in »The Communist Party of the Soviet Union« (London 1960) schrieb, betonte er, er habe »bisher noch keinen einzigen Fall entdeckt, in dem die Partei aus doktrinären Überlegungen heraus bereit gewesen wäre, den eigenen Machterhalt zu gefährden«. Dies bedeutet nicht, dass das Auseinanderklaffen zwischen Theorie und Praxis niemals ernsthafte Schwierigkeiten hervorrief. Dergleichen ist in Italien, in Deutschland oder in jeder anderen faschistischen Partei geschehen. Ein beträchtlicher Teil des faschistischen Opportunismus, seiner Praxis, unmittelbare Ziele zu legitimieren, egal wie stark sie den grundlegenden Prinzipien widersprechen, ist der Natur jeder Ideologie inhärent, die sich als Grundlage einer neuen Gesellschaft betrachtet. Es kann jedoch nicht geleugnet werden, dass mit der wachsenden Kluft zwischen den letztendlichen Zielen und den ursprünglichen Plänen für die Umgestaltung der Gesellschaft auch die Diskrepanz zwischen

8 Seliger, op. cit., S. 327 f.

Ideologie und Praxis immer wichtiger und somit die Tendenz bestärkt wird, das Regime des Opportunismus zu beschuldigen oder die Ideologie, auf die es behauptet sich zu berufen, gleich ganz zu ignorieren.

Die Anpassung von Ideologien an wechselnde Bedingungen, seien es falsch bewertete Fakten oder unvorhergesehene Konsequenzen der Verwirklichung von Prinzipien, ist ebenso eine allgemeine Erscheinung wie die Tatsache, dass auf längere Sicht keine wichtige Organisation ohne ideologische Abdeckung bleibt, selbst wenn wir annehmen, dass sie zunächst ohne eine solche überhaupt entstehen kann.

In dieser Hinsicht entspricht die faschistische Ideologie eher dem Regelfall, als dass sie eine Ausnahme wäre. Richtig ist aber auch, dass es sich hier um eine Ideologie handelte, die darauf ausgerichtet war, sowohl pragmatisch als auch revolutionär zu sein und den Alltag mit all seinen Angelegenheiten nicht aus dem Blick zu verlieren. Mussolini machte es zu einem politischen Prinzip, dass die faschistische Ideologie den Notwendigkeiten des wirklichen Lebens angepasst werden könne: Ideologie »darf nicht ein Hemd des Nessus sein, das uns für alle Ewigkeit anhängt, denn das Morgen ist ungewiss und unvorhersehbar.« Gleichfalls war er sich sehr bewusst, dass eine ideologische Argumentation auf zwei verschiedenen Ebenen existiert. Vor vierzig Jahren griff Mussolini einige der damals neuesten Erkenntnisse der modernen politischen Wissenschaft auf und vollzog eine deutliche Trennung zwischen »den bescheidenen Sammlungen unserer Gesetze und Programme – dem theoretischen und praktischen

Leitfaden des Faschismus« und »den Grundlagen der Doktrin«. Er erläuterte, dass die ersteren »überarbeitet, korrigiert, erweitert und weiterentwickelt werden sollten, weil sie in einigen Fällen bereits durch die Entwicklung modifiziert worden sind.«[9]

Indem er eine Ideologie verkündete, die eng mit der Aktion, die sowohl eine inspirierende Tat sein konnte als auch die Reflexion derselben,[10] verknüpft sein sollte und indem er die Theorie der Einheit von Denken und Handeln entwickelte, formulierte Mussolini ein wesentliches Prinzip, ein Prinzip, das Vertretern anderer Ideologien zwar heftigst widerstrebte, aber dennoch von ihnen aus eigenem Antrieb umgesetzt wurde. Der Unterschied zwischen Faschisten und Sozialisten oder Kommunisten bestand letzten Endes in Folgendem: Die letztgenannten, als strenge Hüter einer unveränderlichen Doktrin, waren zu endlosem Geschwätz und Ausreden und einer Myriade von Erklärungen gezwungen, um den Verlauf der Entwicklung zu rechtfertigen, der für die Faschisten in der Natur der politischen Dinge lag. Denn diese forderten nicht nur die fortlaufende Anpassung der Ideologien an die praktischen Notwendigkeiten und die ständige Weiterentwicklung der Ideologie, insoweit sich die Gegebenheiten änderten, sondern

9 Mussolini, *Political and Social Doctrine*, S. 33.

10 Ibid., S. 26: »Alle Ideologien beabsichtigen, die Aktivitäten der Menschen auf ein vorgegebenes Ziel zu richten; aber diese Aktivitäten wiederum reagieren auf die Doktrin, modifizieren sie und richten sie auf neue Erfordernisse aus oder greifen diesen vor.«

hoben auch die Bedeutung der ideologischen Durchdringung solcher Sektoren des politischen Lebens hervor, bei denen dies noch nicht geschehen war.

Der Faschismus in seinen verschiedenen Formen verharrte weitgehend im Zustand einer politischen Bewegung. Nur in zwei Ländern kam es tatsächlich zu einer Machtergreifung – und in Deutschland zudem noch in einer besonders verschärften Form –, so dass über die Epoche des Faschismus behauptet werden könnte, es habe sich eher um eine der politischen Bewegungen als um eine von Regimen gehandelt. Auf jeden Fall ist die politische Bewegung von größerem Interesse, wenn wir die Ideengeschichte untersuchen. Sie kann mit Gewinn zu ihren Ursprüngen zurückverfolgt werden, zu der Quelle, die, da sie reiner ist, einen noch ungetrübten Einblick liefern kann. Faschistische Ideologie ist in ihrem Wesenskern am besten an ihren Anfängen wahrzunehmen, und faschistische Bewegungen können dort als das betrachtet werden, was sie wirklich sind, bevor sie an die Macht gekommen sind und durch Kompromisse und Druck in eine weitere Regierungspartei umgewandelt wurden. Die wahre Natur der Lehren und die Unterschiede zwischen ihnen können immer deutlicher in Gestalt ihrer Bestrebungen als an ihrer Umsetzung in die Praxis erkannt werden.

Die intellektuelle Krise der Jahre nach 1890

Im Februar 1936 veröffentlichte die französische Zeitschrift Combat, die mit den Faschisten sympathisierte, einen Artikel mit dem Titel »Faschismus 1913«[11] von Pierre Andreu, einem der treuesten Schüler von Georges Sorel, in dem dieser auf die seltsame Vereinigung von Syndikalisten und Nationalisten hinwies, die unmittelbar vor dem Ersten Weltkrieg im Umkreis des Autors der »Reflèctions sur la violence« und den mit der Action Française verbundenen nationalistischen Kreisen stattfand. Ungefähr zur selben Zeit kam eine ähnliche Bemerkung von Pierre Drieu La Rochelle, der wenige Monate später – zusammen mit Bertrand de Jouvenel, einem jungen Wirtschaftswissenschaftler aus der Linken – zu einem der führenden Intellektuellen der PPF, der größten der französischen faschistischen Parteien, werden sollte. Er beobachtete, dass »wir beim Rückblick auf diese Periode sehen können, wie um 1913 sich bestimmte Elemente der faschistischen Atmosphäre in Frankreich bereits vereinigt hatten, bevor sie dies in anderen Ländern getan hatten. Da waren junge Männer aus allen Gesellschaftsklassen, die, angefeuert durch Liebe zu Heldentum und Gewalt, davon träumten, das zu bekämpfen, was sie die zwei Seiten des gleichen Übels nannten – Kapitalismus und parlamentarischen Sozialismus –, wobei sie sich von jedem

11 Combat, 2 (Februar 1936).

heraussuchten, was ihnen als gut erschien. Die Vermählung zwischen Nationalismus und Sozialismus stand bereits auf der Tagesordnung.«[12]

Diesseselbe Formel war bereits 1925 von Georges Valois benutzt worden, dem Begründer der ersten faschistischen Bewegung außerhalb Italiens, Le Faisceau, um die Idee zu definieren, in der die Substanz des Phänomens enthalten war: »Nationalismus + Sozialismus = Faschismus«.[13] Ungefähr zehn Jahre später griff dies Sir Oswald Mosley seinerseits auf: »Wenn du unser Land liebst, dann bist du national, und wenn du unser Volk liebst, dann bist du Sozialist.«[14] Es handelte sich um eine kraftvoll klare und einfache Idee, die eine immense Anziehungskraft besaß; und als der ehemalige Arbeitsminister die British Union of Fascists gründete, wurde sie bereits von allen europäischen faschistischen Bewegungen geteilt.

Der Schock des Krieges und seine unmittelbaren Folgen beschleunigten zweifellos die Geburt des Faschismus als politische Bewegung, aber seine ideologischen Wurzeln reichen in Wirklichkeit bis in die Jahre zwischen 1880 und 1890 zurück, als sich eine Allianz zwischen Theorien herausbildete, die von den unterschiedlichen Spielarten des Sozialismus – entweder nicht-marxistisch, anti-marxistisch oder tatsächlich post-marxistisch – und dem Nationalismus abgeleitet wurden. Dies

12 Zitiert nach Michel Winock, *Une parabole fasciste: Gilles de Drieu La Rochelle*; in: Le Mouvement Social, 80 (Juli 1972), S. 29.
13 Georges Valois, *Le Fascisme*; Paris 1927, S. 21.
14 Oswald Mosley, *Tomorrow we live*; London 1938, S. 57.

waren die Inkubationsjahre des Faschismus, was durch Valois oder Drieu ebenso bestätigt wird wie durch Gentile oder Mussolini. Somit waren am Vorabend des Ersten Weltkrieges die Grundzüge der faschistischen Ideologie bereits definiert. Das Wort existierte zwar noch nicht, aber das Phänomen, das es schließlich bezeichnen sollte; es fehlte nur noch eine günstige Kombination von Umständen, damit dieses sich zu einer politischen Kraft entwickeln konnte. Faschistische Ideologie wird deshalb als das unmittelbare Produkt einer Krise betrachtet, die Demokratie, Liberalismus und bürgerliche Gesellschaft in all ihren Grundwerten ereilt hatte. Dieser Bruch war so heftig, dass er die Dimension einer Krise der Zivilisation selbst annahm.

Faschismus war weder eine Widerspiegelung des Marxismus, noch entstand er einfach als Reaktion auf den organisierten Marxismus. Er hatte den gleichen Grad an Autonomie wie der Marxismus, insofern beide Produkte der bürgerlichen Gesellschaft waren und auf diese reagierten. In ihrer Gegnerschaft boten sie jeweils eine radikale Alternative. Für beide trifft zu, dass sie ein neues Modell der Zivilisation entwickelten. Das Heranwachsen des Faschismus kann also nicht verstanden oder umfassend erklärt werden, wenn er nicht in dem intellektuellen, moralischen und kulturellen Kontext betrachtet wird, der in Europa am Ende des 19. Jahrhunderts vorherrschte.

Die Veränderungen in jener Zeit, die innerhalb einer Generation stattfanden, waren so grundlegend, dass man ohne Übertreibung von der Herausbildung einer intellektuellen

Revolution sprechen kann,[15] die durch ihre Themen und ihren Stil den Weg für die Massenpolitik unseres eigenen Jahrhunderts bereitete. Denn die breite intellektuelle Bewegung der Jahre nach 1890 war vor allem eine Bewegung der Revolte, der Revolte gegen die Welt des Rationalismus und des Denkens in den Kategorien von Ursache und Wirkung, der Revolte gegen Materialismus und Positivismus, gegen die Mittelmäßigkeit der bürgerlichen Gesellschaft und gegen die Verwirrungen der liberalen Demokratie. Für den Geist des *fin de siècle* befand sich die Zivilisation in der Krise, und wenn eine Lösung möglich sein sollte, dann müsste es eine totale sein.

Die Generation von 1890 – zu der unter anderem d'Annunzio und Corradini in Italien, Barrès, Drumont und Sorel in Frankreich, Paul de Lagarde, Julius Langbehn und Arthur Moeller van den Bruck in Deutschland gehörten – nahm als Ausgangspunkt nicht das Individuum, das als solches für sich keinerlei Bedeutung hatte, sondern das soziale und politische Kollektiv, das darüber hinaus nicht einfach als die zahlenmäßige Summe der Individuen unter der Ägide des Kollektivs gedacht werden durfte. Die »neuen« Intellektuellen wetter-

15 Cf. die jüngsten Studien von II. Stuart Hughes, *Consciousness and Society: the reorientation of European Social Thought 1890–1930* (New York 1961); Gerhard Masur, *Prophets of Yesterday: Studies in European Culture 1890–1914* (New York 1966); W. Warren Wagar, ed., *European Intellectual History since Darwin and Marx* (Selected Essays) (New York 1966); John Weiss, ed., *The Origins of Modern Consciousness* (Detroit 1965).

ten deshalb heftig gegen den rationalistischen Individualismus der liberalen Gesellschaft und gegen die Auflösung der sozialen Bindungen in der bürgerlichen Gesellschaft. Mit zuweilen identischen Begriffen beklagten sie die Mittelmäßigkeit und den Materialismus der modernen Gesellschaft, ihre Instabilität und ihre Korruption. Sie kritisierten das Großstadtleben, das durch Routine geprägt war und keinen Raum für Heroismus ließ. Und anstatt an den Verstand der Individuen zu appellieren, betonten sie die Vorzüge des Instinkts, mitunter sogar die der Animalität. Dies ist der geistige Boden, in dem Giovanni Gentile die Wurzeln des Faschismus ausmacht, den er als »Revolte gegen den Positivismus«[16] und gegen die Lebensweise der Industriegesellschaft definiert. Diese Revolte brach zu einer Zeit aus, in der die intellektuelle Atmosphäre durch Darwins Biologie und Wagners Ästhetik, Gobineaus Rassismus und Le Bons Psychologie wie auch durch die düsteren Prophezeiungen Nietzsches und Dostojewkijs und später die Philosophie von Bergson geprägt war.

Natürlich dürfen weder Bergsons noch Nietzsches Philosophie mit jener Praxis vermengt werden, die sie durch die »furchtbaren Vereinfacher« oder andere Vertreter nach sich zog. Ebenso können wir nicht Darwin für den Sozialdarwinismus verantwortlich machen, der durch die nachfolgende Generation ausgearbeitet wurde. Doch obwohl Philosophen und

16 Giovanni Gentile, *The Philosophic Basis of Fascism*, in: Foreign Affairs, VI (1927/28), S. 295 f.

Wissenschaftler nicht für den Gebrauch ihrer Lehren verantwortlich gemacht werden können, weder für die Art, in der sie interpretiert werden, noch für die Bedeutung, die in ihre Überlegungen hineingelesen wird, waren es doch ihre Lehren, die ein neues intellektuelles Klima schufen, nachdem sie in die Hände tausendfach geringerer Intellektueller kamen, die häufig nur über spärliche Fähigkeiten zu sorgfältigem philosophischen Denken verfügten. In der Folge des fürchterlichen Schocks durch den Krieg, die sowjetische Revolution und die Wirtschaftskrise ermöglichte dieses intellektuelle Klima es, dem Faschismus zu keimen und zu einer mächtigen Massenbewegung heranzuwachsen. Denn die Massen waren zu diesem Zeitpunkt bereits erfolgreich dazu konditioniert worden, eine neue Sicht auf die Welt, die menschlichen Realitäten zu akzeptieren, ja sogar eine neue Moral als Basis einer neuen Ordnung.

Die Beiträge von Wissenschaftlern und Pseudowissenschaftlern zu dieser neuen Weltanschauung waren tatsächlich verheerend. Der verbreitete Sozialdarwinismus entkleidete die menschliche Persönlichkeit ihrer heiligen Würde. Das darauf beruhende Denken machte keinen Unterschied zwischen dem physischen und dem sozialen Leben und begriff das Menschsein als einen unaufhörlichen Kampf, dessen natürliches Ergebnis das Überleben des Stärkeren sei. Der Positivismus erlag ebenfalls dem Angriff des Sozialdarwinismus und wurde einer grundlegenden Änderung unterzogen. In der zweiten Hälfte des Jahrhunderts wich die Betonung der freien und rationalen Wahl als bestimmender Faktor des menschlichen Verhaltens neuen Begriffen von Erbe, Rasse und Umwelt.[17] Auf diese Weise spielte der Sozialdarwinismus eine große Rolle bei der Entwicklung des Nationalismus und der Verbreitung des modernen Rassismus. Sein Einfluss ist auch deutlich an dem Interesse zu erkennen, das die Generation von 1890 für das Studium der Psychologie und die Entdeckung des Unbewussten zeigte. Denn die neuen Theorien der politischen Psychologie und der Sozialpsychologie verwarfen von Anfang an die traditionellen mechanistischen Vorstellungen vom Menschen, die behaupteten, menschliches Verhalten werde durch rationale Entscheidung bestimmt. Die vorherrschende öffentliche Meinung besagte nunmehr, dass Empfindung und Gefühl in politischen Fragen mehr zählen als Überlegungen, und bestärkte die Verachtung für die Demokratie sowie für ihre Institutionen und Verfahrensweisen.

In ganz Europa fanden im gleichen Moment die gleichen Ängste und die gleichen Leidenschaften ihren Ausdruck. Menschen mit sehr unterschiedlichem Hintergrund, die sich in Wissenschaftsdisziplinen engagierten, die oft fast keinen Bezug zueinander aufwiesen, spielten jeweils ihre eigene, spezifische Rolle bei der Formulierung der neuen Ideologie. Der Angriff auf die bürgerliche Gesellschaft erfolgte Hand in Hand mit der umfassenden Verdammung der liberalen Demokratie und der parlamentarischen Regierungsform, denn einer der

17 H. Stuart Hughes, op. cit., S. 38 f. Cf. besonders Carlton J. H. Hayes, *A Generation of Materialism 1871–1900*, New York 1963 und Jacques Barzun, *Race, a Study in Superstition*, New York 1965, S. 162.

gemeinsamen ideologischen Lehrsätze dieser ganzen breiten Protestbewegung war die Notwendigkeit der Umgestaltung aller Institutionen in autoritärer Weise. Der Ruf nach einem Führer, einem Retter, der alle Tugenden der Rasse verkörpert, war zur Jahrhundertwende quer durch Europa zu hören. Als der Lauf der Dinge den Theorien widersprach, wurde der Rückschlag unweigerlich auf eine Verschwörung zurückgeführt, und die Anstifter, ebenfalls unisono, als Juden und Freimaurer identifiziert, die mit den internationalen Geldgebern Hand in Hand arbeiten. Die Menschen, die zur Jahrhundertwende gegen den Positivismus und ebenso gegen Liberalismus und Sozialismus revoltierten, den sie als eine besondere Form des Positivismus betrachteten, und damit als in gleicher Weise zu behandeln, vereinten ihre Kräfte nicht nur, um bestimmte Sozialstrukturen und die Art der politischen Institutionen zu attackieren, sondern auch, um die westliche Zivilisation selbst anzugreifen, da diese in ihren Augen grundlegend korrupt war.

Es muss außerdem darauf hingewiesen werden, dass der Wirkungsbereich dieser Rebellen sich nicht auf die Randbereiche der damaligen öffentlichen Meinung beschränkte. Wie auch immer Ideenhistoriker über den eigentlichen Wert ihrer individuellen Schriften urteilen mögen, es muss beachtet werden, dass es nicht die Historiker sind, die die Empfindungen einer vergangenen Generation prägen. Die Menschen, die unmittelbar vor dem Weltkrieg die Bestandteile der faschistischen Ideologie zusammenfügten, waren sehr bedeutende Multiplikatoren, die die Werke, die die Geistesgiganten ihrer oder der vorhergehenden Generation verfasst hatten, in die Alltagssprache übertrugen. Sie übersetzten ein Ideensystem für den durchschnittlichen Leser, das nicht leicht zu verstehen war und das sie von Zeit zu Zeit selbst verformten und übermäßig vereinfachten. Das sind die Autoren, die in Wirklichkeit die Leser von Zeitungen und populären Romanen, den durchschnittlichen Studenten und Gymnasiasten sowie die Menschen, die in den Landkreisen und Landstädten die Elite bildeten, informierten und die zu ihrer Zeit einen enormen Erfolg hatten. Julius Langbehn wurde 1890 mit der Veröffentlichung seines Buches »Rembrandt als Erzieher« berühmt, in dem er die intellektuelle und wissenschaftliche Entwicklung der deutschen Zivilisation denunzierte und stattdessen das Loblied auf den Irrationalismus sang. In den beiden folgenden Jahrzehnten führte Arthur Moeller van den Bruck unentwegt den Angriff auf Liberalismus und Demokratie, bis er 1922 mit »Das Dritte Reich« zu Ruhm gelangte.[18]

Das Gleiche trifft auf die italienischen und französischen Autoren zu. D'Annunzio, Barrès und Maurras zählten zu den bedeutendsten Intellektuellen ihrer Generation. Die Werke von Drumont erlebten mehr Auflagen als jede andere Veröffentlichung des letzten Jahrhunderts. Ihr Denken hat sich in den lateinamerikanischen und frankophonen Regionen Europas etabliert: Sie hatten nicht nur in Italien und Frankreich, sondern auch in Spanien, der Schweiz, Belgien und Ost-

18 Fritz Sterns *The Politics of Cultural Despair* ist die beste Abhandlung über Langbehn, Lagarde und Moeller van den Bruck.

europa, insbesondere in Rumänien, einen immensen Einfluss. An der Sorbonne gab es einen Professor namens Jules Soury, der 1902 ein Buch unter dem Titel »Campagne Nationaliste« – mit gleicher Tendenz wie »Mein Kampf« – veröffentlichte und als gleichrangig mit Bergson angesehen wurde, während Gustave Le Bon ausgiebig von dem Vater der Psychoanalyse zitiert und manchmal sogar als ein zweiter Freud angesehen wurde. Angesichts der Vielzahl von Menschen, die zu diesem Thema schrieben, mag man sich fragen, ob ihr publizistischer Output nicht in gewissem Maße die unaufmerksame Rezeption, die Hitler zuteilwurde, erklärt. Denn der Autor von »Mein Kampf« hatte nichts zu sagen, was nicht bereits gesagt worden war. Und dies nicht von irgendwelchen Außenseitern, sondern von den höchstrangigen Intellektuellen der damaligen Zeit.

In den Jahren vor dem Ersten Weltkrieg erlebte Europa eine erstaunliche Wiedergeburt des Nationalismus. Lange vor 1914 hatte die *völkische*[19] Ideologie, dieses Bündel von Ideen, das entscheidend für das Verständnis des Nazismus ist, weitgestreute Akzeptanz in der deutschen Gesellschaft gefunden, und zwar ungeachtet einer bemerkenswerten Blüte der Geisteswissenschaften in diesem Land, die an die klassische Periode um 1800 erinnert, über die die völkische Ideologie letztlich jedoch

19 Im Original deutsch. Eine Übersetzung dieses deutschen Begriffes in andere Sprachen ist nur mit Umschreibungen möglich, da der wörtlichen Übertragung jeweils die dem deutschen Wort innewohnenden Konnotationen fehlen. (Anm. des Übersetzers)

die Oberhand behielt. Es darf nicht vergessen werden, wie Professor George Mosse unterstrichen hat, dass die Nazis die größte Unterstützung unter angesehenen und gebildeten Leuten fanden. Ihre Ideen waren im Deutschland der Nachkriegszeit im höchsten Maße respektabel und sogar bereits vor dem Krieg in weiten Teilen der Bevölkerung verbreitet. Ihr wesentliches Element war die Verknüpfung der menschlichen Seele mit ihrer natürlichen Umgebung, der »Essenz« der Natur, dass die wirklichen und wichtigen Wahrheiten unterhalb der Oberfläche zu finden seien. Gemäß der Ansicht vieler völkischer Theoretiker wird die Seele eines Volkes bestimmt durch die Natur oder die Landschaft. So wurden die Juden, ein Wüstenvolk, als oberflächliche und trockene Menschen betrachtet, ohne Tiefgründigkeit und mit einem völligen Mangel an Kreativität. Wegen der Unfruchtbarkeit der Wüstenlandschaft seien die Juden ein spirituell schöpfungsunfähiges Volk.[20]

Die gleichen Themen sind in der nationalistischen Ideologie Frankreichs zu finden. Der Franzose, geprägt durch den Boden und durch seine Ahnen, kann dem Schicksal nicht entrinnen, das ihm durch die vorangegangenen Generationen vorgegeben ist, durch die Landschaften seiner Kindheit, durch das Blut seiner Ahnen. Die Nation ist ein lebender Organismus, und der Nationalismus ist deshalb eine Ethik, die all jene Verhaltensvorschriften zusammenfasst, die für das Allgemeinwohl

20 George L. Mosse, *The Crisis of German Ideology. Intellectual Origins of the Third Reich*; New York 1964, S. 4 f.

notwendig sind, und auf die der Wille des Individuums keinerlei Einfluss hat. Die Pflicht des Einzelnen und der Gesellschaft besteht darin, herauszufinden, wie diese Ethik auszusehen hat, doch nur diejenigen können dabei Erfolg haben, die am »Nationalbewusstsein« teilhaben, das sich im Laufe der Jahrhunderte herausgebildet hat. Die Juden als eine fremde Rasse können nicht an dieser Suche teilnehmen.[21]

In Italien waren d'Annunzio und Corradini die bekanntesten Vertreter einer weit verbreiteten nationalistischen Bewegung, die sich aus außenpolitischen Niederlagen speiste, wie dies auch in Frankreich nach 1870 der Fall war. Tatsächlich war es diese Bewegung, die Italien 1915 zum Kriegseintritt bewegte, um im Krieg Ruhm zu erlangen. In Frankreich wurden die jungen Männer der heranwachsenden Generation durch Patriotismus sowie durch die Sehnsucht nach Ordnung, Autorität und Disziplin beflügelt und waren moralisch bereits lange vor August 1914 kriegsbereit.

Dieser neuerliche Aufstieg des Nationalismus ist zumindest teilweise durch das Versagen des internationalen Sozialismus zu erklären und macht begreifbar, warum die Arbeiterklasse auf einer Welle des Patriotismus in den Krieg zog, ohne Rücksicht auf ihre weit zurückreichende Tradition des Antimilitarismus und auf die zahllosen Resolutionen, die ständig auf jedem sozialistischen Kongress angenommen worden waren.

21 Zeev Sternhell, *Maurice Barrès et le nationalisme français*; Paris 1972, S. 263–273.

Während der Jahre zwischen den beiden Weltkriegen erholte sich die Arbeiterbewegung moralisch gesehen nicht von dieser Niederlage. Dies wog schwer in der Waagschale angesichts des Kräfteverhältnisses zu einer Zeit, da die faschistischen Bewegungen ihren Höhepunkt erreichten, besonders natürlich in Italien.

Nationalismus, Sozialismus und Anti-Liberalismus

Während des 19. Jahrhunderts hatten sich Nationalismus und Liberalismus vereinigt, um eine Kraft für Befreiung und Emanzipation zu werden. Der Nationalismus war tief von demokratischen und universalistischen Werten durchdrungen und berief sich auf die Französische Revolution und die Philosophie der Menschenrechte. Als er jedoch unter den Einfluss der neuen wirtschaftlichen Verhältnisse und des erbitterten Wettbewerbs geriet, den diese Verhältnisse auf dem Weltmarkt hervorriefen, als dieser Wettbewerb die unterschiedlichen Interessen der europäischen Großmächte aufzeigte, als man erkannte, dass die Einigkeit in Italien und Deutschland aus Feuer und Blut entstanden war und die Auswirkungen des Sozialdarwinismus und des Marxismus sowie des internationalistischen Sozialismus sich bemerkbar machten, veränderte der Nationalismus schrittweise seinen Charakter.

Die nationalistischen Bewegungen in Italien und Frankreich zu Beginn dieses Jahrhunderts ähnelten den nationalistischen

Hoffnungen eines Michelet oder Mazzini nur noch wenig. Der Geist des Nationalismus von 1848 starb aus – bei den Franzosen nach Sedan, bei den Italienern nach Adowa. Der Fehlschlag des Äthiopienfeldzugs von 1896 wurde von Enrico Corradini, dem geistigen und politischen Führer der italienischen Nationalisten, als Niederlage der italienischen Demokratiebewegung und ihrer Unterstützer auf Seiten der extremen Linken betrachtet. Die französischen Nationalisten – Déroulède, Barrès, Maurras – waren der Meinung, dass die Niederlage von 1870 einem Land zugefügt worden war, das bereits durch eine revolutionäre Ideologie, durch Rationalismus und Individualismus unterhöhlt gewesen war. Die Unfähigkeit der Republik, die Demütigung des Landes zu rächen und Frankreich die verlorenen Provinzen wiederzubeschaffen oder sich auch nur einfach auf den Krieg vorzubereiten, rührte für sie von der grundlegenden Schwäche der liberalen Demokratie her, ihrer Kraftlosigkeit und ihrer Zusammenhaltlosigkeit. So kam es, dass der neue europäische Nationalismus zuerst und vor allem eine Bewegung der Revolte gegen die Demokratie wurde und zu einer heftigen Kritik an dieser Herrschaftsform in all ihrer Schwäche, Vereinzelung und ihrem unpersönlichen Charakter. Es handelte sich um einen Angriff im Rahmen der allgemeinen Revolte gegen die Werte der Französischen Revolution und der Aufklärung.

Zugleich schmähte dieser neue Nationalismus die Reichen und griff die wirtschaftlichen Ungerechtigkeiten an. Er klagte die liberale Demokratie sowohl als Regierungsform als auch als sozio-ökonomisches System an. Er forderte, der Staat solle autoritäre Strukturen entwickeln, und griff die soziale Ungerechtigkeit im Namen der Solidarität der Gemeinschaft an. Die nationalistische Bewegung versuchte, die sozial am meisten benachteiligten Klassen zu mobilisieren, diejenigen, die durch die neuen Produktionstechniken und die neuen Formen des Handels benachteiligt waren. Dies war der Hintergrund, der das Heranwachsen einer neuen Spielart des Sozialismus förderte – in Frankreich während der 90er Jahre des 19. Jahrhunderts, in Italien oder in Österreich während des ersten Jahrzehnts des 20. Jahrhunderts –, eine Spielart des Sozialismus, die weder marxistisch noch internationalistisch war, sondern ausdrücklich national. Zu jener Zeit erkannten französische Nationalisten zum ersten Mal die Möglichkeiten einer Synthese aus bestimmten Formen des Sozialismus und aus dem politischen Autoritätsdenken der Nationalisten. Diese wurde später durch die von Corradini geführten italienischen nationalistischen Kreise übernommen, wiederum später durch die Anhänger Sorels und Mussolinis, und brachte schließlich eine vollständig ausgebildete faschistische Ideologie zur Welt.

Es war Maurice Barrès, der nationalistische Kandidat für Nancy im Mai 1898, der in der Zeit der durch die Dreyfus-Affäre verursachten heftigen Unruhen als erster den Begriff »Sozialistischer Nationalismus«[22] prägte. Dieser Begriff verdankt

22 Maurice Barrès, *Que faut-il faire?*; in: Le Courrier de l'Est v. 12. Mai 1898; idem., *Mes Cahiers*, 14 Bde., 1929–57, Bd. II, S. 197; idem., *Socialisme et Nationalisme*, in: La Patrie v. 27. Februar 1903.

seinen Ursprung der Idee, die nationale Einheit werde durch die Lösung der sozialen Frage geschaffen. Zwanzig Jahre später erklärte Enrico Corradini vor dem Konvent der Nationalisten: »Von Anfang an und vor allem kann der Nationalismus, da er definitionsgemäß national in Fragen der Politik ist, gar nicht anders als ebenso national in Fragen der Ökonomie sein, da die letztere die Basis der ersteren ist.«[23] Maurras seinerseits erklärte, es gebe eine »Form des Sozialismus, die, wenn sie von ihren demokratischen und kosmopolitischen Anhängseln befreit wird, mit dem Nationalismus ebenso zusammenpassen wird, wie ein gut gefertigter Handschuh zu einer schönen Hand passt«.[24] Auf seine Veranlassung unternahm die Action Française beträchtliche Anstrengungen, die Unterstützung der Arbeiter zu erreichen, seitdem sie erkannt hatte, wie mächtig die Abneigung des Proletariats gegen den liberalen Staat war.

Ein weiteres Experiment, das nichts anderes war als ein Probelauf für den Faschismus, war die Gründung einer National-Sozialistischen Partei im Jahr 1903 durch den ehemaligen Sozialisten Pierre Biétry. Sie wurde ein Jahr später durch die

23 Enrico Corradini, *Nationalism and the Syndicates;* Rede vor dem Nationalistischen Parteitag in Rom am 16. März 1919, zit. n. Adrian Littletons hervorragender Textsammlung *Italian Fascisms from Pareto to Gentile*; London 1973, S. 159.
24 Cf. den wichtigen Artikel von Thierry Maulnier, *Charles Maurras et le socialisme*; in: La Revue Universelle, Januar 1937, S. 169. Maulnier zitiert aus dem *Dictionnaire Politique et Critique* von Maurras.

»Fédération des Jaunes de France«[25] abgelöst. Der Gelbe Sozialismus – als Gegensatz zum Roten Sozialismus – predigte die nationale Solidarität anstelle des Klassenkampfes und warb für den Zugang zum Eigentum anstelle von Enteignungen, außerdem stand er für die Beteiligung der Arbeiter an den Unternehmensgewinnen und eine Form von Gewerkschaftsarbeit, bei der die Vertretungen der Arbeiter und der Unternehmensführungen Seite an Seite existieren sollten, was durch den starken Staat überwacht werden sollte. An der Spitze dieser Struktur sollte eine Versammlung nationaler und regionaler Repräsentanten stehen, die durch das Gewerbe und die Unternehmen finanziert würden. Es versteht sich von selbst, dass die Gelbe Bewegung den Marxismus schärfer ablehnte und zugleich den Personenkult ihres Führers förderte, der tatsächlich der Mini-Diktator der Partei war. Außerdem war sie antisemitisch. Die »Fédération des Jaunes en France«, die als »besessen von der Idee, die Arbeiterklasse aus den sozialistischen Geleisen herauszureißen« beschrieben worden ist, war zweifellos die erste Gruppierung, die den gesamten Apparat faschistischer Ideen in praktischen Begriffen ausprobierte.[26] Diese französische Bewegung hatte einen Modellcharakter für die schweizerischen und deutschen gelben Organisationen, mit denen

25 Übersetzt: »Vereinigung der Gelben Frankreichs«. Hier finden sich die historischen Vorbilder für die »gelben Gewerkschaften« in Deutschland in späterer Zeit. (Anm. des Übersetzers)
26 Pierre Biétry, *Le Socialisme et les Jaunes*, Paris 1906, besonders S. 99 und passim.

sie in enger Verbindung stand. Zur gleichen Zeit brachte Österreich die DAP, die Deutsche Arbeiter-Partei, hervor, gegründet im selben Jahr, in dem Biétry seine PSN ins Leben rief.

Der nationale Sozialismus war antisemitisch, denn Antisemitismus – mit sozialen wie rassistischen Begründungen – war das perfekte Werkzeug zur Integration des Proletariats in die nationale Gemeinschaft und besaß den Vorteil, auch das durch Proletarisierung bedrohte Kleinbürgertum einbinden zu können. Der Antisemitismus verschaffte der neuen radikalen Rechten populäre Grundlagen und versorgte sie mit einem Instrument, mit dem sowohl die arbeitenden Klassen angesprochen als auch die Massen zur Erhebung gerufen wurden. Die antijüdischen Unruhen der letzten Jahre des 19. Jahrhunderts[27] weisen in ihrer Gewalttätigkeit und in ihrem Umfang eine verblüffende Ähnlichkeit mit den Pogromen der Nazis auf. Der psychologische Determinismus von jemandem wie Jules Soury war nicht weniger einflussreich als der durch Houston Stewart Chamberlain oder Alfred Rosenberg propagierte Rassengedanke.[28] Woran es dem frühen National-Sozialismus noch mangelte, das waren die sozialen Rahmenbedingungen, die ihn in eine wirkliche politische Kraft umformen würden, denn bislang gab es noch keine große Zahl an Arbeitslosen und verängstigten Kleinbürgern sowie keine machtlosen Mittel-

27 Cf. Stephen Wilson, *The Antisemitic Riots of 1898 in France*; in: The Historical Journal, Heft 4/73, S. 789–806.
28 Jules Soury, *Le Système Nerveux Centrale*; Paris 1899, S. 1778; Campagne Nationaliste (1894–1901); Paris 1902, S. 65.

schichten. Allerdings verfügte er bereits über ein vollständig ausgebildetes Geflecht von Ideen, das nicht weniger ausgeprägt war als das anderer politischer Bewegungen der damaligen Zeit.

Der Punkt, in dem alle europäischen nationalistischen Strömungen übereinstimmten, war selbstverständlich ihr Antiparlamentarismus. Gegen Ende der 80er Jahre des 19. Jahrhunderts hatten sich in Frankreich bereits nationalistische und antiparlamentaristische Bewegungen vereinigt. Diese Verbindung brachte, als sie sich politisch zu organisieren begann, den »Boulangismus« hervor, diejenige Bewegung, die als erste einen der Angriffe auf die liberale Demokratie startete, denen sie fortan ausgesetzt sein würde. Ende des Jahrzehnts etablierte sich ein Verhaltensmuster, das danach zum klassischen für einen Faschisten wurde – nämlich der Wechsel von ganz links nach ganz rechts, vollzogen von Menschen mit radikalen Ansichten zu sozialen Problemen und einer tiefen Ablehnung der liberalen Demokratie. Es war außerdem deutlich geworden, wie leicht weite Kreise der arbeitenden Menschen ihre Unterstützung einer Partei gewähren konnten, die ihre sozialen Werte von der Linken bezog und ihre politischen Werte von der Rechten. Durch diese Handlung konnten sie ihre Ablehnung sowohl der liberalen Demokratie und zugleich der Gesellschaft der Bourgeoisie herausstellen. Hier erschloss der Boulangismus neuen Boden und bereitete dem Faschismus den Weg.

Innerhalb von zwei Jahrzehnten bildete sich ein sehr ähnliches Verhaltensmuster in Italien. Der italienische Nationalismus stand der von der extremen Linken unterstützten demokratischen Bewegung grundlegend ablehnend gegenüber.

Und auch hier richtete sich die nationalistische Bewegung an die Arbeiter und Bauern. Enrico Corradini begann Themen zu behandeln, die den Korporatismus vorwegnahmen, ergänzt durch eine eindeutige Präferenz für Protektionismus und andere Maßnahmen, die geeignet schienen, die Nation als Gesamtheit anzusprechen, z. B. die Expansion der italienischen Industrie und des Außenhandels sowie eine kolonialistische Lösung für die Bevölkerungsprobleme und die Emigration. Ein politisches Programm, das auf Kolonialismus, Protektionismus und Korporatismus beruhte, mochte vielleicht über die richtige Lösung verfügen und schien einem ganzen Teil der Gesellschaft Hoffnung und eine Aussicht auf Besserung zu vermitteln, während man sich gleichzeitig große Mühe gab, den Klassenkampf nicht zu verschärfen.[29]

Corradini war vehement antimarxistisch, bezeichnete jedoch seine nationalistische Doktrin als sozialistisch. Im Dezember 1910, ungefähr zwölf Jahre nach Barrès, trug er beim ersten Kongress der Nationalisten in Florenz ein Papier vor, in dem er von »unserem nationalen Sozialismus« sprach. Er gab dem Ausdruck jedoch bereits eine weiter gefasste Bedeutung, indem er die jüngsten Ideen der italienischen Schule der politischen Soziologie berücksichtigte: »Das heißt, so wie der Sozialismus das Proletariat den Wert des Klassenkampfes gelehrt hat, müssen wir Italien den Wert des internationalen

29 Cf. Enzo Santarelli, *Le Socialisme National en Italie: Précédents et Origines*; in: Le Mouvement Social, Nr. 50, Januar–März 1965.

Kampfes vermitteln.«[30] Italien sei, im materiellen wie im geistigen Sinne, eine proletarische Nation[31] und könne nur dann überleben, wenn es sich eine Lektion zu Herzen nähme, die der Arbeiterklasse bereits wohlbekannt war, und jene Lehre vom permanenten Kampf in die Praxis umsetze. Corradini drückte große Bewunderung für die Errungenschaften der europäischen Arbeiterbewegung und die Art und Weise aus, wie die Lehre vom Klassenkampf zum Wohle der Arbeiter in die Praxis umgesetzt wurde. Genau in diesem Sinne identifizierten sich die Nationalisten am stärksten mit den Sozialisten und standen zugleich in heftiger Opposition zu diesen. Sie identifizierten sich mit dem Sozialismus insoweit, »die Grundannahme unserer wesentlich dynamischen Lehre der Kampf ist, internationaler Kampf, sogar der Kampf in der Heimat hat vergleichbare Effekte hervorgerufen«.[32] Sozialisten wie Nationalisten beriefen sich auf die Tugenden des Kampfes und die Kriegermentalität, beide verachteten sie die Demokratie und verabscheuten den Liberalismus.[33] Andererseits versuchten die Sozialisten, das Konzept der Nation zu bekämpfen,

30 Corradini, *The Principles of Nationalism*; in: A. Lyttelton, op. cit., S. 147.
31 Cf. Corradinis, *The Proletarian nations and Nationalism* (1911), in: A. Lyttelton, op. cit., S. 149–151.
32 Corradini, *Nationalism and Democracy* (Politische Rede v. 1913); in: A. Lyttelton, op. cit., S. 152.
33 Cf. Corradini, *The Cult of Warrior Morality* (Dezember 1913); in: A. Lyttelton, op. cit., S. 155–158.

und predigten stattdessen den Internationalismus. Darin – und nur darin – lag der Unterschied. Indem sie das Proletariat in die nationale Gemeinschaft integrierte und damit die durch die Demokratie verursachte Identifikation der Nation mit der Bourgeoisie auslöschte, wollte die nationalistische Bewegung die Echtheit, Vollständigkeit und Ganzheit der nationalen Gemeinschaft wiederherstellen. Der Sozialismus wurde in den National-Sozialismus überführt.

Es ist zudem wichtig zu erkennen, dass Nationalisten wie Corradini oder Barrès die Sorgen ihrer Länder fast ausschließlich in politischer Hinsicht betrachteten. Wenn Armut und soziale Ungerechtigkeit herrschten, wenn Italien Niederlagen in seinen Kolonien erlitt und auf der internationalen Bühne Zeichen von Schwäche zeigte, dann konnte all dies einer schwachen und unfähigen Regierung genauso vorgeworfen werden wie einer politischen Philosophie, die den Staat als Vertreter von Privat- und Minderheiteninteressen betrachtete, und dabei zum Werkzeug von Interessengruppen und sozialen Schichten wurde, die sich feindlich gegenüber standen. Die Missstände des Landes seien verursacht durch die Unfähigkeit des Staates, der bereits jegliches Nationalgefühl verloren habe, die nationalen Interessen zu erkennen. Die Umgestaltung des Staates nach autoritären Gesichtspunkten war deshalb eine unverzichtbare Voraussetzung für jeden Versuch zur Wiederherstellung der Wirtschaft oder der Reform der Gesellschaft. Deshalb war der erste Feind, der vernichtet werden musste, der liberale und bürgerliche Staat, so wie es unerlässlich war, die Philosophie der Menschenrechte zu verwerfen.

In Italien erhielt der Antiparlamentarismus einen solide aufgebauten und systematischen Charakter und beruhte auf einer Analyse, die dem letzten Stand der Sozialwissenschaften entsprach. Bereits in den 80er Jahren des 19. Jahrhunderts war er in den Arbeiten von Mosca und Pareto formuliert worden. Er war begründet in einer ausgeprägt elitären und antidemokratischen Sicht der Gesellschaft, welche laut Pareto aus einer Minderheit von sehr begabten Individuen und einer breiten Mehrheit mittelmäßiger besteht und deshalb in Form einer großen Pyramide gestaltet ist, mit einer herrschenden Elite an der Spitze und getragen von einer passiven Mehrheit als Basis. Der Staat verkörpere kaum mehr als die organisierte Kontrolle der Mehrheit durch die Minderheit.[34] Paretos Elitedenken ist gekennzeichnet durch den starken Einfluss des Sozialdarwinismus. Er hat weder Skrupel, den sozialen Organismus mit einem lebenden Organismus zu vergleichen, noch die natürliche Selektion, wie sie sich in der Natur vollzieht, parallel zu dem zu sehen, was er als den Prozess der natürlichen Selektion in der menschlichen Gesellschaft bezeichnet.[35] Seine Theorie der Zirkulation der Eliten und des ständigen Kampfes zwischen verschiedenen Aristokratien, durch den sie sich kontinuierlich gegenseitig ablösten, ist ein deutlicher Hinweis auf die Ursprünge seiner Soziologie. Dies umso mehr, als er sich

34 Cf. A. James Gregor, *The Ideology of Fascism: the Rationale of Totalitarianism*; New York 1969, S. 37–39.
35 Cf. Vilfredo Pareto, in: *Les systèmes socialistes*; in A. Lyttelton, op. cit., S. 72–75.

in seinen »Systèmes Socialistes« ausdrücklich auf Ammon und Vacher de Lapouge bezieht, wobei er den anthropologischen Charakter dieser Eliten diskutiert und sich darauf beruft, dass die Geschichte aus dem Konflikt einer Aristokratie mit der anderen bestehe, und nicht, wie oft angenommen, aus dem Kampf der Beherrschten gegen die herrschende Schicht: »Solang diese unteren Klassen selbst unbewaffnet sind, sind sie unfähig zur Herrschaft; Ochlokratie hat nie zu etwas anderem als einer Katastrophe geführt.«[36]

Es muss betont werden, dass diese Elitensoziologie sich nicht auf die Analyse der aktuellen Zustände beschränkte, sondern ein universal gültiges Gesetz formulieren wollte, das die menschliche Gesellschaft seit ihren Anfängen beherrscht habe und deshalb als eine in der natürlichen Ordnung begründete Verhaltensnorm betrachtet werden sollte. Diese Analyse der Gesellschaftsstruktur und der Macht spielte nicht nur eine sehr einflussreiche Rolle in der Herausbildung der faschistischen Ideologie, sondern trug auch wesentlich zur Glaubwürdigkeit, Seriosität und Vertrauenswürdigkeit bei, die antidemokratische und antiliberale Ideen so schnell erlangt hatten. [37] Seit der Französischen Revolution bis mindestens zur Mitte des 19. Jahrhunderts hatte sich die Gleichheitsideologie erfolgreich auf die Wissenschaft berufen – sowohl auf die Naturwissenschaften als auch auf die Geisteswissenschaften. Im Namen der Wissen-

36 Ibid., S. 78.
37 Cf. Gregor, op. cit., S. 78–80.

schaft und der Vernunft waren die Menschen gegen die uralten Mauern der Privilegien angestürmt und hatten die Fahne der Freiheit emporgehalten. Seit dem Beginn des 20. Jahrhunderts hatte sich die Lage verändert, denn jetzt waren es die neuen Geisteswissenschaften selbst, die alle Prämissen, auf denen die liberale Demokratie beruhte, in Frage stellten. Auf diese Weise wurde ein intellektuelles Klima geschaffen, das das Selbstvertrauen der Demokratie untergrub und viel zum Aufstieg des Faschismus beitrug.

Als sich die antiparlamentaristische Bewegung, wie sie sich unter dem Einfluss der italienischen politischen Soziologie entwickelt hatte, mit der nationalistischen verbündet hatte und diese mit neuen Waffen versorgte, gab sie auch bestimmten Ausprägungen der sozialistischen Bewegung, besonders den revolutionären Syndikalisten, Nahrung. Insoweit sie Gegner der liberalen Demokratie und der bürgerlichen Gesellschaft waren, waren Syndikalisten und Nationalisten einer Meinung. Sie bewerteten die Mechanismen der bürgerlichen Gesellschaft weitgehend auf die gleiche Art, und beide sahen die Gesellschaft durch mächtige Minderheiten beherrscht, wobei der Staatsapparat deren williger Diener war. Wenn die materiellen Bedingungen nicht länger günstig für eine bestimmte Minderheit waren, dann erhob sich, in Übereinstimmung mit einem Prozess des beständigen Wechsels der Elitegruppen, eine andere Elite an die Spitze, wobei jede die Massen zu ihren eigenen Zwecken aufhetzte. Jede Minderheit entwickelte einen motivierenden Mythos, der zur Rebellion anspornen sollte während des Übergangs von der Herrschaft einer etablierten Elite zur Herrschaft einer konkurrierenden Elite und als legitimierende Vorstellung, sobald die aufstrebende Elite ihre Vorherrschaft errichtet hatte. Hinter der Fassade der repräsentativen Institutionen und der parlamentarischen Vorgänge war die bürgerliche Regierung genau solch eine etablierte Elite.[38]

Diese Analyse der Macht durch moderne politische Soziologen hatte einen wohlbekannten Klang für jeden Marxisten, was erklärt, weshalb ein revolutionärer Sozialist wie Roberto Michels sie aufgriff und zum Nachweis nutzte, dass die Existenz einer herrschenden sozialen Gruppe absolut grundlegend für das politische und soziale Leben sei.[39] Zu Beginn des Jahrhunderts fand diese Theorie wachsende Zustimmung in militanten Kreisen des Sozialismus, nämlich unter denjenigen, die am heftigsten den Parlamentarismus und den demokratischen Sozialismus ablehnten und die direkte Aktion befürworteten. Gegen diejenige sozialistische Lehrmeinung, die die Eroberung der Macht durch das allgemeine Wahlrecht vertrat und die auf diese Weise die Revolution auf eine unvorhersehbare Zukunft vertagte – auf das Jahr 3000, meinten ihre Feinde –, verharrte der radikale Flügel der Bewegung auf der Theorie von der Avantgarde der Arbeiterklasse, die als bewusste und aktivistische Minderheit das Proletariat in die Revolution füh-

38 Cf. Ibid., S. 52.

39 Cf. Roberto Michels, *Political Parties*, London o.J., S. 395. (Eine deutsche Ausgabe existiert unter dem Titel *Soziologie des Parteiwesens*, Stuttgart, 4. Aufl. 1989; Anm. des Übersetzers)

ren werde. Der traditionelle Sozialismus hatte es hingenommen, gezähmt und in die bürgerliche Ordnung eingefügt zu werden. Seine Apologeten waren in die Büros der Ministerien eingezogen und hatten die Parolen und Spielregeln der liberalen Demokratie übernommen. Die Syndikalisten zogen dabei die revolutionäre Gewalt einer proletarischen Elite vor. Roberto Michels zeigte, wie die Elitendoktrin, die in den Massen, die allerdings bis jetzt noch nicht den Willen zur sozialen Revolution hatten, die Machtquelle sah, in keiner Weise mit der materialistischen Geschichtsinterpretation oder dem Konzept des Klassenkampfes in Konflikt geriet.[40] Michels gehörte zum revolutionären Flügel der deutschen Sozialisten, der sehr dem Syndikalismus Frankreichs und Italiens ähnelte, und war erbitterter Kritiker der deutschen sozialdemokratischen Partei. Diese sei passiv, es mangele ihr an Kampfgeist, sie bevorzuge parlamentarische Politik und werde beherrscht durch eine hierarchische und bürokratische Organisation, die die Partei im Zustand der Lähmung halte und »sie von allen Pfaden mannhaften Strebens führt, weg von allen heroischen Handlungen«.[41] Dies waren die Worte, die er bei einer Konferenz in Paris im April 1907 zum Thema der Beziehungen zwischen Syndikalismus und Sozialismus verwendete, an der er als

40 Ibid., S. 407. Das gesamte Kapitel II von Teil VI seines Buches ist von besonderem Interesse.

41 *Le Syndicalisme et le Socialisme en Allemagne*, in: *Syndicalisme et Socialisme*, Paris 1908, S. 25. Reden bei der Konferenz in Paris am 3. April 1907.

Repräsentant des revolutionären Flügels der deutschen Sozialisten teilnahm, die den italienischen und französischen Syndikalisten am ähnlichsten waren. Schließlich wurde Roberto Michels Faschist.

Beim selben Kolloquium wurde Italien durch den berühmten syndikalistischen Führer Arturo Labriola vertreten, der der sozialistischen Bewegung vorwarf, diese sei inzwischen »nicht mehr als ein Teil der parlamentarischen Maschinerie im Dienste einer Handvoll von Politikern«. Wiederholt kritisierte er die offizielle sozialistische Bewegung, da diese die Spielregeln anerkannt habe, demokratisch geworden sei und die Klassenkooperation dem Klassenkampf vorziehe.[42] Einige Jahre später sollte Labriola die Idee der Einheit der Nation entdecken und schließlich zum militanten Nationalismus überlaufen.

Frankreich wurde durch Hubert Lagardelle repräsentiert, den Herausgeber der Zeitung »Le Mouvement Socialiste«, die das theoretische Organ des orthodoxen Marxismus in all seinen antiparlamentarischen und antidemokratischen Aspekten war und gegen jeglichen Kompromiss und jede Abweichung von der Doktrin des Klassenkampfes opponierte. Bei sozialistischen Konferenzen verkörperte Lagardelle die Reinheit der Lehre. Im April 1907 begrüßte er »die Abneigung der französischen Arbeiter gegen den republikanischen Staat«

42 Cf. Arturo Labriola, *Le Syndicalisme et le Socialisme en Italie*, in: ibid., S. 11 u. S. 9–13.

als den »Höhepunkt in der Geschichte dieser letzten Jahre«.[43] Der Kampf gegen die liberale Demokratie war das erste und bedeutendste Ziel des Sozialismus in den Augen von Hubert Lagardelle, der später Arbeitsminister unter Marschall Pétain werden sollte.

Der Führer der CGT zu dieser Zeit war Victor Greffuelhes, und er kam, als er die Aussichten des allgemeinen Wahlrechts debattierte, zu dem Schluss: »Es erscheint mir klar, dass es in den Kramladen verbannt werden sollte.«[44] Er schlug stattdessen vor, die Pläne der Syndikalisten zur direkten Aktion durchzuführen. Nach Ansicht eines weiteren hochrangigen Syndikalisten, Emile Pouget, könnte eine »direkte Aktion auf eine ruhige und friedliche Art ablaufen oder aber ebenso durch Druck und extreme Gewalt.« Syndikalismus und »Demokratismus« seien prinzipiell unvereinbar, denn »letzterer legt, durch das Mittel des allgemeinen Wahlrechts, die Kontrolle in die Hände der Unwissenden und der *Zurückgebliebenen*[45]… und unterdrückt die Minderheiten, die die Bannerträger der Zukunft sind.«[46] Auf diese Art und Weise flößte die extreme

43 Hubert Lagardelle, *Le Syndicalisme et le Socialisme en France*; in: ibid., S. 36.

44 Victor Griffuelhes, L'Action Syndicaliste; Paris 1908, S. 37.

45 Hervorhebung im Original. Sternhell behält an dieser Stelle das in der Quelle benutzte französische Wort »tardigrades« bei, das keine genaue englische Entsprechung hat. Das französische Adjektiv tardif hat u. a. die Bedeutungen spät reifend und verspätet, tardigrade als Adjektiv heißt u. a. langsam gehend, als Substantiv wird es auch im Plural für Faultiere benutzt. (Anmerkung des Übersetzers)

Linke in der sozialistischen Bewegung ihren Sympathisanten die Verachtung der Demokratie und des Parlamentarismus ein, verknüpft mit dem glühenden Wunsch nach militanter Rebellion, die durch eine Minderheit informierter Aktivisten angeführt werden sollte. Sowohl in Frankreich als auch in Italien vollzog sich die gleiche Entwicklung der Ideen bei den Syndikalisten der extremen Linken. 1909 wurden genau diese Ansichten von Angelo Olivetti und den italienischen revolutionären Syndikalisten ausgesprochen. Der Sozialismus könne nur als Konsequenz des Handelns der Elite der Arbeiterklasse verwirklicht werden.[47]

Aus dieser Überlegung resultieren die unermüdlichen Anstrengungen, die unternommen wurden, um die Arbeiterklasse von der parlamentarischen Demokratie zu trennen und auf diese Weise das Ergebnis der Dreyfus-Affäre zunichte zu machen, die eine extrem wichtige Auswirkung auf die Arbeiterbewegung in ganz Europa gehabt hatte. Denn während der Dreyfus-Affäre hatten sich die französischen Sozialisten entschieden, der bürgerlichen Republik zu Hilfe zu eilen, und stellten ihre Stärke und ihre Organisation der liberalen Demokratie zur Verfügung, die damals durch eine Koalition aller bestehenden Parteien der Rechten bedroht wurde. Durch diese Handlungsweise hatten sie einen Präzedenzfall und eine Norm für jede sozialistische Partei geschaffen, die innerhalb

46 Emile Pouget, *La Confédération Générale du Travail*; Paris 1909, S. 35 f.
47 Michels, op. cit., S. 369.

des Systems der parlamentarischen Regierungsform operierte. Diese Entscheidung, deren Urheber Jaurès war, rettete zweifellos die Republik, hatte aber auch die unmittelbare Auswirkung, die revolutionäre Begeisterung des Proletariats zu dämpfen, weil sie in letzter Konsequenz die Vorherrschaft der Bourgeoisie gesichert hatte. Durch die Unterstützung von Ministern der Regierung und durch die Teilnahme an ihren Beratungen hatten die französischen Sozialisten der internationalen Solidarität der sozialistischen Parteien einen heftigen Schlag versetzt. Die extreme Linke der europäischen Sozialisten hielt es folglich für wesentlich, dem Proletariat die Verachtung all dessen beizubringen, was einen Beigeschmack bürgerlicher oder liberaler Werte hatte, also die bürgerliche Moral und ihre Tugenden ebenso abzulehnen wie die bürgerliche Achtung des Gesetzes, die Rechtsformen, die demokratische Regierungsform. Die Theoretiker der syndikalistischen Bewegung priesen die Werte des Kriegers und die Gewalt, die Sittlichkeit erzeuge, sowie die reinigenden Prozesse des sozialen Kampfes. In den Schriften von Georges Sorel entdeckten die Syndikalisten außerdem einen reichen Schatz anti-intellektueller und irrationaler Argumente.

Das Werk von Georges Sorel ist heute wohlbekannt; dabei schrieb er, als er 1908 seine »Reflections sur la violence« veröffentlichte, nichts, was ungewöhnlich in den Ohren der Syndikalisten klang. Seine Bücher waren ganz einfach eine systematische Aufarbeitung der Schriften sozialistischer und syndikalistischer Führer, die weit bekannter waren als Sorel selbst. Auf diese Weise erlangte er seine Bedeutung und spielte dann, besonders in Italien, eine maßgebliche Rolle bei der Konversion bestimmter syndikalistischer Gruppen zur Rechten. Denn Sorel und seine Mitstreiter vollzogen die Synthese all jener Ideen und damaliger Denkrichtungen, die allesamt eine Ablehnung der bürgerlichen Gesellschaft mit all ihren moralischen und politischen Werten, den Menschenrechten, Liberalismus und Demokratie vertraten. Revolutionäre Syndikalisten und Nationalisten hatten ebenso wie Antidemokraten und Antiliberale unterschiedlicher Färbung nunmehr eine gemeinsame Basis gefunden. Der Übergang vom revolutionären Syndikalismus zum Nationalismus oder umgekehrt war in der Theorie niemals jenseits der Grenzen des Möglichen gewesen; und zu der Zeit, da der Erste Weltkrieg sich am Horizont abzeichnete, schien er unvermeidlich zu sein.

In den Jahren 1911/12 gab Georges Sorel – der revolutionäre Syndikalist – eine Zeitschrift namens »L'Indépendance« heraus, die nationalistisch und antisemitisch war. Ungefähr zur gleichen Zeit erblickten zwei weitere Publikationen das Licht der Welt, die zu den interessantesten und bemerkenswertesten Vorboten des Faschismus gehörten: »Les Cahiers du Cercle Proudhon« in Frankreich und »La Lupa« in Italien. Der Cercle Proudhon wurde im Dezember 1911 unter der Präsidentschaft von Charles Maurras gegründet, wobei Georges Sorel die treibende Kraft war. Er vereinte Syndikalisten mit Nationalisten der Action Française. Einen Monat später wurde die erste Ausgabe der »Cahiers du Cercle Proudhon« veröffentlicht. Unter den Mitarbeitern ragten zwei Namen heraus, die kennzeichnend für die Art des Unternehmens waren:

George Valois, der zum linken Flügel der Action Française gehörte, der Autor von »La Monarchie et la Classe Ouvrière« war und der 1925 die Faisceau gründen sollte, und Edouard Berth, ein Schüler von Sorel, der in den zwanziger Jahren von der extremen Rechten zur extremen Linken wechselte. Jene Nationalisten und Syndikalisten stimmten darin überein, dass die »Demokratie der größte Fehler des letzten Jahrhunderts war«, dass sie die schrecklichste Ausbeutung der Arbeiter erlaubt habe und zunächst »das Gesetz des Goldes anstelle des Gesetzes des Blutes« im kapitalistischen System aufgestellt und später unterstützt habe. Sie folgerten: »Wenn wir die Moral, das intellektuelle und materielle Kapital der Zivilisation, erhalten und stärken wollen, ist es absolut notwendig, die Institutionen der Demokratie zu zerstören.«[48]

Die Konvergenz des revolutionären Syndikalismus und des Nationalismus wird am besten illustriert durch die symptomatische Entwicklung Sergio Pannunzios, der später die Theorien darlegte, die die durch die Faschisten durchgeführten institutionellen Reformen begründeten. Als junger Mann war Pannunzio Syndikalist, ein Syndikalist jedoch, der sich seit seinen Anfängen in Übereinstimmung mit Mosca befand und ebenso weit wie dieser ging. Er verknüpfte nationale Themen Italiens mit Ideen, die er von Sorel entliehen hatte. Er bestand nicht nur darauf, dass es an der Zeit sei, den überholten, traditionellen liberalen Staat hinter sich zu lassen, sondern ging

48 *Déclaration*, in: Cahiers du Cercle Proudhon, Nr. 1, Januar 1912, S. 1.

auch von einer Prämisse aus, die bereits andere Syndikalisten vor ihm geteilt hatten, nämlich dass die weit zurückreichende Feindschaft zwischen zwei antagonistischen sozialen Blöcken – Bourgeoisie und Proletariat – in Wirklichkeit »schematisch« sei. Er vertrat weiterhin die Ansicht, dass zwei Blöcke existierten, wobei der eine reaktionär und konservativ und der andere revolutionär sei. Zum zweiten gehörten ausschließlich die militanten Syndikalisten und Anarchisten. Auf diese Weise erlangte das neue Konzept des Anarchosyndikalismus, das des Konfliktes zwischen dem konservativen und dem revolutionären Block, die Oberhand über das sozialistische Konzept des Klassenkampfes. Pannunzio trat schlussendlich für eine »Politik der Stärke« ein, die zu »der entscheidenden Handlung« und dem »äußersten Wagnis« der Revolte führen sollte, – Revolte und nicht Revolution, wie Santarelli treffend vermerkt.[49]

Da Krise auf Krise folgte, zunächst in Bezug auf die Libyen-Frage und dann auf den Interventionismus, übernahm eine Reihe von syndikalistischen Gruppen neue Positionen, die sich nachweislich auf die Nation und auf das Volk bezogen. Immer mehr tendierten sie zum Nationalismus und infiltrierten schließlich bestimmte Kreise der traditionellen Sozialdemokratie. Diese Neugruppierung von Syndikalisten und Nationalisten, die bereits auf den Faschismus hinauslief – obwohl dieser damals noch keinen Namen hatte –, vollzog sich unter

49 Santarelli, op. cit., S. 50.

dem Banner von »La Lupa«, einer Zeitschrift, die erstmals ein Jahr vor dem Tripolis-Feldzug herauskam. Sie erschien in Florenz und wurde von Paolo Orano herausgegeben, einem typischen Vertreter der italienischen Schule der Syndikalisten, deren Ziel es war, den ökonomischen Syndikalismus und den politischen Nationalismus miteinander zu versöhnen. Zu den Mitwirkenden von »La Lupa« zählten Enrico Corradini, Arturo Labriola und Roberto Michels, und sie konnten, wenn auch nur eingeschränkt und nicht sehr konkret, auf die Unterstützung Sorels zählen. Der Begründer des modernen italienischen Nationalismus konzentrierte seine Bemühungen auf den Nachweis, dass Nationalismus und Sozialismus wirklich und wahrhaftig miteinander identifiziert werden könnten, insofern sie beide dieselbe spezifische »vortreffliche Substanz« in sich trugen. »Für den Syndikalismus ist die einzige moralische Pflicht der Kampf. Für Nationalismus ist die einzige sittliche Notwendigkeit ... Krieg zu führen.«[50] Sie hatten einen gemeinsamen Gegner – die Bourgeoisie.

1913 wurde von Giovanni Papini, der 1904 »Ein nationalistisches Programm« veröffentlicht hatte, eine neue Zeitschrift unter dem Titel »Lacerba« herausgebracht. »Lacerba« brachte Papini, Ardengo Soffici und die Futuristen unter Führung von Marinetti zusammen. In einem Artikel aus dem Jahr 1913 rief Papini nach einem »Blutbad«. Er sah im Krieg das Mittel zur inneren Wiedergeburt Italiens und zur Zerstörung

50 Ibid., S. 52 f.

der falschen Werte der Demokratie. Er und seine Kollegen verknüpften den Nationalismus mit der Unterwanderung der etablierten kulturellen und moralischen Werte.[51] Hier erkennen wir bereits den Einfluss Marinettis und der Futuristen. Schon im Jahr 1909 hatte das Futuristische Manifest all die Grundsätze verbreitet, die später die moralischen Ideen des Faschismus werden sollten, zu denen die zwanziger und dreißiger Jahre keine neuen Beiträge mehr lieferten: »1. Wir wollen die Liebe zur Gefahr besingen, die gewohnheitsmäßige Energie und die Tollkühnheit. 2. Die Hauptelemente unserer Poesie werden der Mut, die Kühnheit und die Empörung sein. 3. (...) wollen wir die aggressive Bewegung, die fiebrige Schlaflosigkeit, den Gewaltmarsch, den gefahrvollen Sprung, die Ohrfeige und den Faustschlag preisen. (...) 9. Wir wollen den Krieg glorifizieren, – diese einzige Hygiene der Welt – den Militarismus, den Patriotismus, die zerstörende Geste der Anarchisten, die schönen Gedanken, die töten, und die Verachtung des Weibes. 10. Wir wollen die Museen, die Bibliotheken zerstören, den Moralismus bekämpfen, den Feminismus und alle opportunistischen und Nützlichkeit bezweckenden Feigheiten.«[52] Marinetti blieb dem Faschismus bis zum Ende treu und wurde ein enthusiastischer Unterstützer der Republik von Salò.

51 Lyttelton, op. cit., S. 98.

52 Hier zit. n. Peter Demetz, *Worte in Freiheit. Der italienische Futurismus und die deutsche literarische Avantgarde*; München 1990, S. 174 f.

Der Schatten des Krieges lastete immer schwerer auf Europa und angesichts dieses allgemeinen Rückschlags im Bewusstsein wurde jede Nation allmählich empfänglicher für den Einfluss neuer Entwicklungen. Auch im syndikalistischen und nationalistischen Lager war eine Zeit der Veränderung zu spüren und zeigte sich beispielsweise besonders deutlich in Roberto Michels Analyse des italienischen Neo-Imperialismus, den er als »einen Imperialismus der Armen« kennzeichnete, womit er Ideen von Corradini weiterentwickelte. Die Welt war geteilt in wohlhabende Nationen und in proletarische Nationen, Nationen, die bereits einen Platz an der Sonne hatten, und Nationen, die hofften, einen solchen Platz zu gewinnen. Und auch dieses Konzept sollte einer der grundlegenden Lehrsätze des Faschismus werden. Es zog die Überführung des unvermeidlichen Kampfes von der Bühne der Innenpolitik auf die der Außenpolitik nach sich und – in der Theorie – die Beseitigung der Probleme des Proletariats, welche sich in der Sphäre des Krieges, der von der gesamten Nation geführt wird, auflösen werde. Die Zukunft werde gestaltet durch den Kampf, nicht dem zwischen den proletarischen und den kapitalistischen Klassen, sondern dem zwischen proletarischen und plutokratischen Nationen. Anstelle einer Klasse war es nunmehr die Nation, die den Lauf der Geschichte als Vertreterin von Fortschritt und Zivilisation bestimmte. Und genau dies war der Paradigmenwechsel, der den Übergang von links nach rechts so einfach machte, denn an jedem anderen Punkt hatten sich die extreme Linke, die sich aus Syndikalisten und revolutionären Sozialisten zusammensetzte, und die Radikalen und Nationalisten der Neuen Rechten bereits getroffen und Übereinstimmung festgestellt. Antiliberalismus, Antiparlamentarismus, Antisemitismus (außer in Italien), die Verehrung der Elite, der Jugend, der Kraft und der Gewalt, die Revolte gegen den Rationalismus und die Aufklärung, die Befürwortung des politischen Autoritätsdenkens – jedes der Elemente, das den Faschismus herausbilden sollte, existierte bereits und nicht nur als Rohmaterial, denn sie waren bereits zu einem relativ geschlossenen System ausgearbeitet worden. Zu jener Zeit, da die alte Welt im August 1914 zusammenbrach, hatte die faschistische Ideologie schon eine Geschichte hinter sich, die bis in die Jahre nach 1880 zurückreichte. Einige Jahre später, als die Zahl der Arbeitslosen und der verängstigten Bauern und Kleinbürger gewaltige Ausmaße annahm, schufen das Trauma des Krieges und der beständigen Unsicherheit, verursacht durch den Versailler Vertrag, der Schock über die Niederlage für die einen und der Sieg für die anderen, der keine ihrer Schwierigkeiten gelöst hatte, der Erfolg der Oktoberrevolution, der u. a. den Effekt hatte, die Leute glauben zu lassen, dass nunmehr alles möglich geworden sei, schuf dies alles zusammen die Voraussetzungen, die es der Ideologie ermöglichten, zu einer wirklichen politischen Kraft zu werden.

Der Zusammenbruch der Sozialistischen Internationale am Vorabend des Krieges und die Unfähigkeit der arbeitenden Klassen, diesen Zusammenbruch zu verhindern, die Eile und fast vollständige Geschlossenheit, mit der sie sich, physisch und moralisch, hinter die Kräfte der etablierten Ordnung einreihten und auf einen Schlag die Solidarität des Proletariats erschütterten, waren ein spürbarer Beweis dafür, dass dem Konzept der Klasse als Faktor für Solidarität weniger Gewicht beigemessen wurde als dem Konzept der Nation. Konfrontiert mit der Inbrunst, die die Idee der Nation hervorrief, wurde der künstliche Charakter der Idee der Klasse deutlich. Die Nation war eine Realität, was die Internationale niemals für sich hoffen konnte. Im Verlauf des Krieges wurde die Zahl jener Sozialisten zur Legion, die zur gleichen Schlussfolgerung gelangten, besonders dann, wenn sie zu den Syndikalisten und den Revolutionären der extremen Linken gehörten. Zu den letzteren zählte Gustave Hervé, einer der populärsten Sprecher der grundlegend antimilitaristischen und antipatriotischen Bewegung in Europa, der den Namen seiner Zeitung von »La Guerre Sociale« in »La Victoire« änderte und der sich, nachdem er ein Leben lang den Hass auf alles, was, wie schwach auch immer, einen Beigeschmack von Nationalismus oder Kollaboration mit dem bürgerlichen Staat hatte, gepredigt hatte, nach dem Krieg zum Faschisten wandelte.

Der berühmteste dieser Bekehrten ist jedoch natürlich Mussolini. 1910 war er ein junger Sozialist, der die Publikation »La Lotta di Classe« herausgab, aber bereits 1914 war er verantwortlich für eine Tageszeitung namens »Il Popolo d'Italia«. Es kann nicht behauptet werden, dass Mussolinis Kurswechsel einzigartig oder besonders extrem gewesen sei, ebensowenig war er durch politischen Opportunismus verursacht. Er hätte genauso eine solche Rolle einnehmen können, wie sie von Léon Blum, Emile Vandervelde, Otto Bauer oder Ramsay

McDonald gespielt wurde, wenn er das tatsächlich gewollt hätte. Aber für Mussolini war das nicht möglich, weil der von ihm vertretene Sozialismus ein revolutionärer war und strikt der marxistischen Analyse der liberalen Demokratie, ihrer Moral und ihrer Gesetze folgte und diese als die offenkundigen Zeichen der Überlegenheit und des Eigeninteresses der Bourgeoisie einordnete, nicht aber als allgemein gültige Werte. Trotzdem sah Mussolini, wie viele andere, den Begriff der Klasse sich unter der Einwirkung des Krieges auflösen und wurde sich sofort des immensen Energiepotenzials bewusst, das in der Idee der Nation enthalten war. Nach einem halben Jahrhundert des Sozialismus entpuppte sich das Nationalgefühl als die treibende Kraft der Geschichte, und die Nation wurde als die Basis der grundlegenden Werte der Gesellschaft betrachtet. Sobald in diesem Wechsel Handlungsmöglichkeiten erkannt wurden und zugleich die schöne Flamme des Sozialismus fast erstickt wurde, blieb von der Gleichsetzung von Revolution und Sozialismus nur noch der erste Begriff übrig, reduziert auf den Willen, Demokratie und Liberalismus zu zerstören und an ihrer Stelle eine neue Ordnung zu errichten. Auf diese Weise wurde der Nationalismus der formelle Mythos des Faschismus und von diesem Augenblick an wurde der Kampf gegen den Marxismus aufgenommen.

Mussolini war bei weitem nicht die einzige Person, die diesen Weg einschlug. Ein Vierteljahrhundert später wurde dieselbe Einschätzung der Ereignisse von einer Anzahl von Männern geteilt, die zu den dynamischsten Figuren der europäischen sozialistischen Bewegung gehörten und die alle auf eine langjährige Gegnerschaft zu Mussolinis System verweisen konnten. Der brillanteste dieser Männer war zweifellos Sir Oswald Mosley, der jüngste Minister im Kabinett McDonald. Gleich nach ihm rangierte Marcel Déat, der zu den wenigen Menschen gehörte, die in der Zeit zwischen den beiden Weltkriegen in Europa noch Beiträge zur Theorie des Sozialismus lieferten, und der Sozialminister in einer Regierung gewesen war, die der Volksfront den Weg geebnet hatte. Vergleichbar verhielt es sich mit Jacques Doriot, einem Kandidaten des Zentralkomitees der Französischen Kommunistischen Partei, der den Fehler begangen hatte, zum falschen Zeitpunkt recht zu haben, und mit Henri de Man, dem Vorsitzenden der Belgischen Arbeiterpartei und einem der originellsten sozialistischen Philosophen des 20. Jahrhunderts, der im Juli 1940 »den Zusammenbruch des parlamentarischen Regimes und der kapitalistischen Plutokratien in den sogenannten Demokratien« als den Beginn des neuen Zeitalters begrüßte: »Für die Arbeiterklassen und für den Sozialismus ist dieser Untergang einer maroden Welt weit davon entfernt, ein Desaster zu sein, sondern ist eine Befreiung.« Denn »die sozialistische Ordnung wird ganz und gar nicht als die Sache einer Klasse oder einer Partei verwirklicht werden, sondern als Sache aller, im Namen einer nationalen Solidarität, die bald den Kontinent, wenn nicht die ganze Welt, umspannen wird.«[53]

53 Hendrik de Man, *Manifesto to the Members of the POB*; zit. n. Peter Dodge, *Beyond Marxism: The Faith and Works of Hendrik de Man*; Den Haag 1966, S. 197.

Im September des gleichen Jahres zählte Marcel Déat die wesentlichen Bestandteile des Faschismus auf: »Unter Berücksichtigung aller Faktoren glaube ich, dass es sich auf diese eine Beobachtung reduziert: die treibende Kraft der Revolution besteht nicht länger im Interesse der Klasse, sondern ist das Interesse der Allgemeinheit geworden; wir haben uns vom Begriff der Klasse zu dem der Nation bewegt.« Und er fügte eine Anmerkung hinzu, die vollkommen charakteristisch für das faschistische Denken ist: »Ich werde nicht versuchen abzuwägen, welche Anteile in dieser Unternehmung die nationale und die soziale Frage hatten, noch aufzudecken, ob es sich um eine Frage der Sozialisierung der Nation oder um eine der Nationalisierung des Sozialismus handelte. Was ich weiß, ist, dass ... diese, im besten Sinne des Wortes explosive Mischung ist, kräftig genug, all die treibenden Kräfte der Geschichte zu entzünden.«[54]

Eine neue Zivilisation

In der Periode unmittelbar nach dem Ersten ebenso wie in den Jahren vor dem Zweiten Weltkrieg hatten die Faschisten eindeutig das Gefühl, den Anbruch eines neuen Zeitalters zu verkünden, ein »faschistisches Jahrhundert« (Mussolini)[55],

54 Marcel Déat, *L'Evolution du Socialisme*; in: L'Effort v. 25. September 1940.
55 Mussolini, *Political and Social Doctrine*, S. 26.

eine »neue Zivilisation« (Oswald Mosley)[56]. Und tatsächlich präsentierte sich der Faschismus seit seinen frühesten Anfängen als nichts geringeres als eine Gegen-Zivilisation, die sich selbst als eine Revolution der Menschheit definierte, eine »totale Revolution«, eine »geistige Revolution«[57], eine »Revolution der Moral«[58], eine »Revolution der Seelen«[59]. Für seine Ideologen war der Faschismus im Grunde – um einen Ausdruck von Valois zu gebrauchen – ein Entwurf des Lebens, eine totale Konzeption des nationalen, politischen, ökonomischen und sozialen Lebens.[60] »Total« war ein Wort, in das alle faschistischen Schreiber außerordentlich vernarrt waren, und es war eines der Schlüsselworte in ihrem Vokabular. Der Faschismus sollte das erste politische System werden, das sich selbst als totalitär bezeichnete, eben weil es den gesamten Bereich menschlicher Handlungen umspannte. Er war totalitär, weil er für eine umfassende Lebensweise stand, weil er

56 Mosley, Fascism: *100 Questions asked and answered;* London 1936, Question 2.

57 *»What a Legionary believes«, Romanian Fascist Catechism*; in: Weber, op. cit., S. 169.

58 Paul Marion, *Programme du Parti Populaire Français*; Paris 1938, S. 83.

59 Léon Degrelle, *Révolution des âmes*, Paris 1938. Der Begriff der Gegen-Zivilisation wird häufig in dem gleichen Sinne gebraucht, den Annie Kriegel dem Ausdruck Gegen-Gesellschaft in ihrem berühmten Buch über die französischen Kommunismus gibt. Cf. besonders: *Les Communistes Français: essais d'ethnographie politique*; Paris 1970.

60 Georges Valois, *Fascisme*; Paris 1927, S. 15 f.

jeden Sektor des sozialen und intellektuellen Lebens durchdringen wollte, weil er beabsichtigte, sofort einen neuen Gesellschaftstypus und einen neuen Typus des Menschen zu schaffen.

Als Bewegung der Revolte bezog der Faschismus seine Dynamik aus seinen »zerstörerischen Kräften«[61], seiner totalen Ablehnung der bürgerlichen Gesellschaft mit ihren politischen und sozialen Strukturen und mit ihren moralischen Werten. Keines der Elemente, die zusammen die faschistische Ideologie bildeten, war als solches neu. Was neu war, das war die Synthese dieser Elemente, eine Synthese, die nur in der Nachkriegszeit möglich wurde und – natürlich – nach dem Erfolg der Oktoberrevolution. In diesem Sinne besteht keinerlei Zweifel, dass der Faschismus ein Kind der Nachkriegskrise war. Es handelte sich um eine Politik der Angst und der Krise, untrennbar verbunden mit den neuen Herausforderungen, denen die liberale Demokratie gegenüberstand.[62] Aber auf der Ebene der Ideologie in ihrem ausgereiften Zustand und sogar, als der Faschismus, in Italien und anderswo, einige Jahre Erfahrung gesammelt hatte, entfaltete er überwiegend noch immer die gleichen Grundzüge, die die Bewegung der Revolte in den Anfangsjahren des Jahrhunderts charakterisiert hatten.

61 Thierry Maulnier, *Mythes Socialistes*; Paris 1936, S. 169 f.
62 Cf. Michael Hurst, *What is Fascism*, S. 184. Für den englischen Faschisten James Strachey Barnes war der Faschismus ein Resultat des Versagens der »liberalen Staatskunst« (Barnes, *The Universal Aspects of Fascism*, London 1928, S. 63).

In den Köpfen von Gentile und Mussolini, Marcel Déat und Drieu La Rochelle, José Antonio und Codreanu bildete die faschistische Ideologie eine umfassende Alternative zur liberalen bürgerlichen Zivilisation, ihrem Rationalismus und Individualismus. Nach dem 19. Jahrhundert, dem »Jahrhundert des Individuums«, sollte das faschistische 20. Jahrhundert das »kollektive Jahrhundert und deshalb das Jahrhundert des Staates«[63] werden. Alles entsprang diesem grundlegenden Prinzip. Die faschistische Ideologie betrachtete sich selbst als Reaktion auf den »materialistischen Positivismus des 19. Jahrhunderts«[64], den sie durch eine »religiöse und idealistische Weise der Lebensanschauung«[65] ersetzen wollte. Sie weigerte sich, in den Worten von José Antonio, »die materialistische Interpretation der Geschichte zu akzeptieren«[66], oder, wie Mussolini meinte, »die materialistische Konzeption des Glücks ... Dies bedeutet, dass der Faschismus die Gleichung Wohlstand = Glück ablehnt, die in den Menschen bloße Tiere sieht, die zufrieden sind, wenn sie fressen und fett werden können, und die sie damit auf eine reine und einfache körperliche Existenz reduziert.«[67]

Aber es war der Soziologe Marcel Déat, der auf eine spezifischere Ursache der Wunde wies: »Der ökonomische Materia-

63 Mussolini, *Political and Social Doctrine*, S. 26.
64 Mussolini, *Fundamental Ideas*, S. 8.
65 Gentile, *The Philosophic Basis of Fascism*, S. 293.
66 José Antonio Primo de Rivera, *Selected Writings*; ed. and introd. Hugh Thomas, London 1972, S. 65.
67 Mussolini, *Political and Social Doctrine*, S. 21.

lismus, der ein bourgeoiser Materialismus ist, und sein Gegenstück, der marxistische Materialismus der Arbeiterklasse, sind beide unbestreitbar Kinder des Rationalismus«, eines »Zwangsjacken- und von Unglück befallenen« Rationalismus, der eine »Leugnung alles Aristokratischen, eine Negation der Hierarchie, eine Negation der Person, eine Negation des Staates als ein Instrument der Gemeinschaft«[68] sei. Dies sei »der alte Rationalismus des 18. Jahrhunderts«, »eine Philosophie, die nun zweihundert Jahre ihrer Zeit hinterherhinkt«[69], die noch immer die Grundlage der heutigen offiziellen liberalen Ideologie bilde. Gegen diese Welt der Menschenrechte, des Individualismus, die Welt von Ursache und Wirkung, eine Welt, bedroht durch Anarchie, rebellierte der Faschismus. »Wir stehen für ein neues Prinzip in der Welt, wir stehen für die reine, kategorische und definitive Antithese zur Welt der Demokratie, der Plutokratie, der Freimaurerei, zu der Welt, die sich noch immer mit den 1789 niedergelegten Grundprinzipien begnügt«, sagte Mussolini.[70]

In der Vorstellung seiner Führer war der Faschismus vor allem eine Revolte der jüngeren Generation. »Die gegenwär-

68 Marcel Déat, *Pensée allemande et pensée française*; Paris 1944, S. 63 u. S. 99.
69 Pierre Drieu La Rochelle, *Chronique Politique 1934–1942*; Paris 1943, S. 161. Fünfundzwanzig Jahre früher, 1912, hatte Barrès gesagt: »Das achtzehnte Jahrhundert, das gerne weiterleben möchte, liegt in den letzten Zügen. Das haben wir bewirkt, indem wir es um Rat gefragt haben, wie wir unser Leben gestalten sollen.« (*Reden im Parlament*, 1912).
70 Mussolini, *Fascism*, Anhang, S. 40 (Rede vor dem neuen nationalen Direktorium der Partei am 7. April 1926).

tige *Weltanschauung*[71] des Faschismus kann in einem Wort zusammengefasst werden – Jugend«, schrieb der englische Faschist James Strachey Barnes.[72] Diese Ansicht wurde von Codreanu, José Antonio, Drieu La Rochelle, Oswald Mosley und Georges Valois geteilt. Für Léon Degrelle war die Verkörperung der faschistischen Revolte eine junge Generation, die »eher alles in die Luft jagen würde, als ein Leben zu beginnen, das schmutzigen Pfaden folgt, ohne nur den kleinsten Flecken eines klaren Himmels in Sicht«.[73] Für Oswald Mosley »ist die eigentliche politische Spaltung des vergangenen Jahrzehnts nicht eine zwischen den Parteien gewesen, sondern eine Trennung der Generationen«.[74] Und Adrien Marquet, ein Genosse von Déat, verblüffte an dem Tag, an dem der Neo-Sozialismus geboren wurde, Léon Blum mit dem Ausruf: »Niemand opfert sein Leben für dreißig Sitze im Parlament!«[75]

71 Im Original deutsch. Der deutsche Begriff Weltanschauung ist wegen der unterschwelligen Nebenbedeutungen kaum exakt in die englische oder die französische Sprache übersetzbar und wird deshalb durch Autoren oft direkt übernommen. Damit wird in der Regel auch das philosophische Konzept »Weltanschauung« als ein idealistisches, intuitives und quasi spirituelles übernommen. (Anm. d. Ü.)
72 James Strachey Barnes, *The Universal Aspects of Fascism*; London 1928, S. 164.
73 Degrelle, op. cit., S. 145.
74 Mosley, *The Greater Britain*, S. 152.
75 Déat/Marquet/Montagnon, *Néo-Socialisme, Ordre, Autorité, Nation*; Paris 1933, S. 43.

Der Faschismus – jung, neu und modern – war auch eine Revolte gegen die Dekadenz; und auch hier griff er eines der wichtigsten Themen der Bewegung der Revolte der letzten Jahre des 19. Jahrhunderts auf. Das Denken von Drieu La Rochelle und Léon Degrelle, wie das von Barrès vor ihnen, war die Reaktion einer Generation der Jugend auf ein Europa, dessen »Sitten im Verfall begriffen sind, dessen Glaube entwurzelt ist und das bis ins Mark an Individualismus, Fanatismus und Arroganz krankt«[76]; ein Europa, das »langsam zerfallen und verfallen wird«, und durch vielfältige Krankheiten scheitert: durch den Krieg entvölkerte Gebiete, Alkoholismus, Syphilis, die großen Industriezentren, Städte voll von »Kinos und Cafés, Bordellen, Zeitungen, Börsen, politischen Parteien und Baracken«; ein Paris, das ein »Zentrum der intellektuellen Bohème, der Lebenskünstler und der Homosexuellen geworden war; Drogen, Tanzlokale, katholische Schriftsteller, Juden, Picassos Bilder …«[77]. Die Faschisten loteten die Tücken der Plage aus. Drieu La Rochelles »Gilles«, ein Roman, der die Auflösung zu seinem Thema macht und sicher das bedeu-

76 Degrelle, op. cit., S. 145

77 Drieu La Rochelle, *Gilles*, S. 179, 340 ff., 384, 455. Von diesem faschistischen Roman erschien 1966 in Berlin bei Ullstein-Propyläen eine um etliche antisemitische Passagen bereinigte Übersetzung unter dem Titel *Die Unzulänglichen*. Es bleibt unklar, ob mit diesem Drieu La Rochelle nicht gerecht werdenden Vorgehen dieser politisch geschützt werden sollte, um so besser popularisiert werden zu können, oder ob der Verlag den Druck antisemitischer Meinungen prinzipiell verweigerte. (Anmerkung des Übersetzers)

tendste Werk der faschistischen Literatur ist, wimmelt von Bildern des Todes, der Vernichtung und der Zersetzung. Diese Welt, unfähig zu einer kämpferischen und unmittelbaren Reaktion, diese schmucke, selbstzufriedene Welt der Thronfolger und Erben war natürlich die Welt des alten, bürgerlichen Europas. Und die Faschisten rebellierten dagegen. Sie wollten all die bürgerlichen Werte und all die Übel, die die Herrschaft der Bourgeoisie ausgebrütet hatte, zu Grabe tragen. Sie wollten die Herolde einer neuen Moral sein. Die Antwort des Faschismus »an den Finanzier, den Ölhändler und den Schweinezüchter, die sich selbst als die Herren der Welt betrachten und die sie gemäß den Gesetzen des Geldes, der Notwendigkeiten des Automobils und der Philosophie der Schweine am Laufen halten wollen und die Völker in die Politik der Dividende einspannen wollen«, so sagte George Valois, sei es, »das Schwert zu ziehen«. Auf das bürgerliche »Schwenken mit Verträgen und Statistiken: – Zwei plus drei gibt ... – Nichts, antwortet der Barbar, und schlägt ihm den Schädel ein«[78]. Der Barbar, der Faschist, sah sich also als derjenige, der die Welt vom bürgerlichen Geist befreit und eine Sehnsucht nach Reaktion und Wiedergeburt weckt, die gleichzeitig geistig und physisch, moralisch, sozial und politisch sein sollte. Faschismus war für seine Ideologen eine Revolution sowohl des Körpers als auch des Geistes, denn beide waren für sie untrennbar. Darin lag für die Faschisten ihrer eigenen Ansicht nach die Originalität ihrer

78 Georges Valois, Révolution Nationale; Paris 1924, S. 97 u. 151.

Bewegung: Als Alternative zum ökonomisch bestimmten Menschen des liberalen und marxistischen Materialismus boten sie eine Art Neo-Idealismus, der das Geistige höher einstufte als das Materielle. Als Alternative zum liberalen und friedfertigen Bürger und zum städtischen Händler boten sie den Barbaren und den Ritter des Mittelalters. Als Ersatz für den europäischen Rationalismus boten sie das Gefühl, die Empfindsamkeit und die Gewalt. Und anstelle des degenerierten Mannes einer Filzpantoffel-Zivilisation, dem körperliche Anstrengung widerlich geworden war, boten sie den Kult des Körpers, der Gesundheit und des Lebens in der freien Natur.

Die faschistische Rebellion berief sich also auf ein neues menschliches Abenteuer, denn, in den Worten von Léon Degrelle, »die großen Revolutionen sind nicht politisch oder ökonomisch, ... die wahre Revolution [ist] diejenige, die nicht die Staatsmaschinerie wieder in Gang bringt, sondern das geheime Leben jeder Seele«[79]. Für José Antonio[80] war Faschismus eine »poetische Bewegung«, ein »Geisteszustand« und »etwas spirituelles und mystisches« für den belgischen Rexisten José Streel.[81] Denn die Lebensweise des Faschisten war, um Gentile zu zitieren, eine Mission, und der Kämpfer war ein Kreuzritter, der darauf vorbereitet sein musste, jedes Opfer zu erbringen.[82]

79 Degrelle, op. cit., S. 153 f.
80 Primo de Rivera, op. cit., S. 57.
81 José Streel, *Ce du'il faut penser de Rex*; Brüssel o. J., S. 106 ff.
82 Gentile, *The Philosophic Basis of Fascism*, S. 291 f.

Im Faschismus finden wir deshalb den Kult der Pflichterfüllung, des Opfers und der heroischen Werte. Mussolini, aufgefordert, den Faschismus in wenigen Worten zusammenzufassen, sagte: »Wir sind gegen das leichte Leben.« Für den Faschisten bedeutete Leben »Pflichterfüllung, Erhabenheit, Eroberung«, es war »ernst, rau, religiös«.[83] »Inmitten der unbeschreiblichen Mittelmäßigkeit, die uns heute umgibt«, schrieb Degrelle, »repräsentieren wir Furchtlosigkeit, Initiative, Selbstopfer und Disziplin ...«[84]. Leben ist für den Faschisten »ein anhaltender, unaufhörlicher Kampf« und sein Glaubensbekenntnis ist »eine Doktrin, die nicht ausschließlich politisch ist: Sie ist Ausdruck eines Kampfgeistes, der alle Risiken in Kauf nimmt«.[85] Deshalb werde der neue Menschentyp, der faschistische Mann, ein Mann sein, der »es liebt, Risiken auf sich zu nehmen, Selbstvertrauen [habe] sowie Gemeinschaftsgefühl und einen Gefallen an kollektiver Begeisterung«; »der Politik der Tinte, der Speichelleckerei und der Ideologie wird er durch die Politik des Bodens, des Fleisches und des Blutes begegnen«.[86] Faschismus bedeute Stärke,

83 Mussolini, *Fascism*, Anhang, S. 9, 19 u. 36. Cf. Primo de Rivera, op. cit., S. 137: »Das Leben ist ein Kampf und muss in einem Geist gelebt werden, der durch Dienst und Opfer gereinigt ist.« Cf. auch Degrelle, op. cit., S. 6: »Das leichte Leben ist der Tod des Idealismus. Nichts belebt ihn besser wieder als der Peitschenhieb des schweren Lebens.«

84 Degrelle, op. cit., S. 2 f.

85 Mussolini, *Fascism*, Anhang, S. 19 u. 36.

86 Marion, op. cit., S. 99 u. 104.

Bereitschaft zum Dienen, zum Gehorsam, Autorität, Selbstverleugnung. Und für Henri de Man, wie auch für den Mörder Joseph Darnand, bedeutete er eine neue Welt, die errichtet werde durch »eine Elite, die ein kraftvolles und gefahrvolles Leben einem trägen und leichten vorzieht«.[87] Für den Führer der Milice, der französischen Version der Gestapo, ist »der bürgerliche Lebensstil [...] vorbei«. Faschismus bedeute »gefährlich leben«[88], er sei, in Oswald Mosleys Worten, »ein großes und waghalsiges Abenteuer«.[89] Dieses faschistische Abenteuer, Abenteuer um des Abenteuers Willen, bringe einen Typ des Mannes hervor, der immer bereit sei, »sein Glück zu versuchen«, der es liebe, »alles oder nichts«[90] zu spielen, und es brachte schließlich die Mörderbanden Mussolinis hervor, deren berüchtigtes Motto »me ne frego« den Geist des Faschismus zusammenfasst.[91]

Faschistische Ideologie bietet also »eine neue, kraftvolle, brutale Erklärung der Welt, von der Art, die Menschen immer gebraucht haben und brauchen werden.«[92] Dazu gehörte der Kult körperlicher Stärke – Oswald Mosley verlangte von Männern, »wie Athleten zu leben« – und der Kult des Lebens,

87 Hendrik de Man, *Manifesto to the Members of the POB*, July 1940; in: Dodge, op. cit., S. 197.
88 Zit. n. Michèle Cotta, *La Collaboration 1940–1944;* Paris 1964, S. 128.
89 Mosley, *The Greater Britain*, op. cit., S. 159.
90 Degrelle, op. cit., S. 3 f.
91 Mussolini, *Political and Social Doctrine*, S. 19.
92 Drieu La Rochelle, *Chronique Politique*, S. 69.

der Gesundheit sowie des Blutes, kombiniert mit einer Besessenheit von der Männlichkeit und der Verachtung der Intellektuellen. Keine dieser Erscheinungen, die zu einer Apologie der Instinkte zusammenwuchsen, war ein Originalbeitrag der Faschisten und tatsächlich wäre es schwierig, in ihrem Denken, abgesehen vom Kriegserlebnis, eine einzige Idee zu finden, die nicht bereits durch Barrès, Marinetti, d'Annunzio, Corradini oder Langbehn entwickelt worden wäre. Was der Faschismus repräsentierte, war die volle Blüte der Bewegung der Revolte am Ende des 19. Jahrhunderts. Die Generation, die in den Schützengräben gelebt hatte, fügte nur eine weitere Dimension der Sehnsucht nach der Front und nach der Gefahr hinzu. Krieg sei etwas, wodurch die Männer geprüft wurden, er bringe die primären Werte des Mannes und seine Basisinstinkte zum Vorschein. »Der Krieg ist mein Vaterland«[93], sagte Gilles, seine Worte waren dabei nicht nur Echo der »Verherrlichung des Krieges«[94] im Futuristischen Manifest, geschrieben um die Jahrhundertwende, sondern auch der Behauptung Jules Sourys, der Krieg sei »die Quelle allen höheren Lebens, die Ursache allen Fortschritts«.[95]

Zum Kult des Krieges und der physischen Gefahr gesellten sich die Verehrung der Brutalität, der Stärke und der Sexualität und natürlich die Verachtung für jeden, der an vernünftige Argumente und die Gültigkeit von Statistiken glaubte. In

93 Drieu La Rochelle, zit. n. Winock, op. cit., S. 44.

94 *The Futurist Manifesto;* in: Le Figaro, Februar 1909.

95 Soury, *Campagne Nationaliste*, S. 185.

diesem Zusammenhang traf Drieu La Rochelle, beim Versuch einer Definition dessen, was den Faschisten vom Traditionalisten trennt, eine Unterscheidung, die wesentlich für ein umfassendes Verständnis der tieferen Natur des Faschismus ist: »Ein Monarchist ist niemals ein wirklicher Faschist ... denn ein Monarchist ist niemals ein Mensch der Moderne: Er hat nichts von der Brutalität und der barbarischen Einfachheit der Moderne.«[96] Hier haben wir die Essenz des Faschismus, und Drieus Worte enthüllen auch, was den Faschismus zu einer wirklichen Gegen-Zivilisation macht. Indem er den hochentwickelten rationalistischen Humanismus des alten Europa verwirft, erhebt der Faschismus die primitiven Instinkte und die ursprüngliche Gefühlswelt des Barbaren zu seinen Idealen. Hatte nicht Marinetti 1909 erklärt, seine Antwort auf die Hochkultur Europas sei die »Zerstörung der Museen, Bibliotheken und Akademien« und die »Befreiung dieses Landes vom stinkenden Wundbrand seiner Professoren, Archäologen, Fremdenführer und Antiquare«?[97]

Der Faschismus strebte nach der Veränderung des Menschen, beschränkte sich aber nicht darauf. Revoltierend gegen die Großstadt und gegen die großen Industriezentren, wollte er die Umwelt des Menschen ändern und für ihn eine Umgebung schaffen, in der er ein neues Leben führen konnte. Die faschistische Revolution betrachtete sich als Konterrevolution

96 Drieu La Rochelle, *Verra-t-on un Parti national et socialiste?;* in: La Lutte des Jeunes, Nr. 2 v. 4. März 1934.
97 *Futuristisches Manifest.*

gegen die industrielle Revolution, die den Menschen dem Landleben entrissen und ihn in der Stadt eingesperrt hatte, und verkündete die Überlegenheit des 20. Jahrhunderts, des Landlebens und des Sportstadions über das 19. Jahrhundert, die Mietskasernen und die Kneipe. In seiner Sehnsucht, den Menschen mit der Natur zu versöhnen, ihn vor einem sich dahinziehenden Tod und physischer Gebrechlichkeit zu retten und seine ursprünglichen Werte und seine natürliche Umwelt zu bewahren, war der Faschismus möglicherweise die erste Umweltschutz-Bewegung des 20. Jahrhunderts, wobei er das Streben nach technischem Fortschritt und industriellem Wachstum mit dem Schutz der Natur verband, in der eine Zivilisation der Muße und des Sports blühen könne.[98]

Diese »große moralische Revolution« war das, was Robert Brasillach unter Faschismus verstand, diese Revolution der Sinne, gerichtet gegen die herrschende politische Philosophie, sollte eine Revolution des Körpers und der Sexualität sein. Der Faschismus werde ein »neues Leben« aus »Camping, Sport, Tanz, Reise und Gemeinschaftswandern« schaffen, das die muffige Welt von »Aperitifs, Rauchsalons, Kongressen und der [schlechten] Verdauung«[99] verdrängen würde. Diese Welt werde eine virile Welt sein, und es ist in diesem Kontext einen Hinweis wert, was für eine Vorliebe faschistische Satiriker für sexuelle Vorstellungen und sexuelles Vokabular hatten. Es sei die Virilität des Faschisten, seine Gesundheit und seine

98 Cf. Marion, op. cit., S. 85–95.
99 Ibid., S. 91–94.

pralle Energie, die ihn letztlich von den impotenten Bürgern, Liberalen und Sozialisten unterscheide.[100]

Aber obwohl der gesamte Faschismus die Rückkehr zur Natur und Boden vertrat, war er nicht anti-modern. Der Faschist zeigte stets eine Vorliebe für neue Industriezweige und technische Innovationen, für Flugzeuge und Autos. D'Annunzio, Mussolini und Hitler sind übereinstimmende Beispiele dafür. »Wir sind die Partei der Geschwindigkeit«[101], sagte Drieu. Kraft, Geschwindigkeit, Energie, Zähigkeit, Solidität und Effektivität sind die wesentlichen faschistischen Eigenschaften und ebenso die der modernen Maschine, des Automotors und der hochentwickelten Technik. Diese Vorliebe übertrug sich auf das Vokabular. Um den aktivistischen Geist der faschistischen Bewegung zu beschreiben, wählte Mussolini den Ausdruck: »Der Faschismus ist ein Dynamo.«

Diese Bewegung, die sich selbst als eine neuer Menschen betrachtete, war zweifellos eine Bewegung junger Männer – solcher, die die etablierte Ordnung verachteten, die sich abgestoßen fühlten vom Widerspruch zwischen Prinzipien und Praxis, denen Rebellion natürlicher erschien als dem Rest der Bevölkerung, und für die Ideologie etwas war, was ernst genommen werden musste. Die belgischen und rumänischen Faschismen hatten beide ihren Ursprung in Studentenbewegungen, und in Frankreich, Spanien, Italien und England be-

100 Cf. Drieu La Rochelle, *Chronique Politique*, S. 69.
101 Drieu La Rochelle, *Avec Doriot*, Paris 1937, S. 12.

herrschten die Jungen – die ältesten von ihnen waren gerade aus den Schützengräben zurückgekehrt – das Bild.

Sowohl im Bereich der Ideologie als auch zum Zweck der Rekrutierung waren die Faschisten in der Lage, die Tatsache zu nutzen, dass ihre Bewegung mit der jüngeren Generation verknüpft war, um ihre Ideologie als das einzige dem 20. Jahrhundert entstammende Gedankensystem darzustellen. Waren nicht Liberalismus, Sozialismus, Kommunismus und Nationalismus allesamt Produkte des vergangenen Jahrhunderts? Und waren sie nicht alle völlig überaltert? Die Jugendlichkeit einer Bewegung, deren Führer sich noch in den zwanziger und dreißiger Lebensjahren befanden, als sie Bekanntheit erlangten oder an die Macht kamen, bringt uns bei der Erklärung ihres dynamischen, aktivistischen und letztlich revolutionären Charakters weiter.

Da sie ihre Ideologie als eine des Lebens und der Bewegung betrachteten, entschieden all die unterschiedlichen faschistischen Gruppierungen, sich eher als »Bewegungen« denn als »Parteien« zu beschreiben. Sie alle verstanden sich als »Anti-Parteien«, denn sie stellten die Trägheit und den Dogmatismus der tradierten politischen Strukturen in Frage und verweigerten die Ausarbeitung von Programmen oder politischen Manifesten – in anderen Worten lehnten sie es also ab das Spiel der traditionellen Politik zu spielen oder dessen Spielregeln zu akzeptieren.[102] Stattdessen verspürten sie einen immensen

102 Cf. zum Beispiel Primo de Rivera, op. cit., S. 52 ff.: »Wir wären lediglich eine weitere Partei, wenn wir Programme formulieren oder konkrete Lösungen erarbeiten würden.«; oder Streel, op. cit., S. 105.

Tatendrang, nicht nur mit dem Ziel, die etablierte Ordnung zu stürzen, sondern auch nach der Aktion, der Tat selbst, denn, wie Mussolini sagte, »Untätigkeit ist Tod«.[103] Die von den Faschisten verherrlichte Aktion war nicht so sehr eine Aktion mit einem bestimmten Ziel als vielmehr eine Aktion um ihrer selbst willen: Mit blinder Leidenschaft zu handeln, in Form von Faustkämpfen und Maschinengewehrfeuer zu denken, bedeutete, das Prinzip des Lebens selbst wieder zu entdecken. »Niemand kommt sehr weit, der weiß, wohin er geht«[104] lautete das Prinzip, das Mosley übernahm, und Mussolini drückte die gleiche Ansicht in folgenden Worten aus: „Mich prägt der Vorwärtsdrang. Ich bin jemand, der weitermarschiert ...«[105] Und für José Streel: »Du musst an Bord kommen, dich vom Strom mitreißen lassen. Mit anderen Worten: Du musst handeln. Der Rest wird sich von selbst ergeben.«[106]

Der Krieg, in dem der größte Teil der Faschisten direkte Erfahrung gesammelt hatte, versorgte sie mit einem bestimmten Verhaltenskriterium. Bergsons *élan vital*, reduziert auf den einfachen *élan* des Schlachtfeldes, wurde übertragen auf den Aktivismus an der Heimatfront. Ehemalige Soldaten spielten eine äußerst wichtige Rolle bei der Weiterentwicklung des Faschismus. Als Bewahrer des nationalen Erbes und Wächter der Nation betrachteten sie sich als Träger einer besonderen Mis-

103 Mussolini, *Fundamental Ideas*, in: Fascism, S. 13.
104 Mosley, *The Greater Britain*, S. 159.
105 Mussolini, *Fascism*, Anhang, S. 38.
106 Streel, op. cit., S. 105.

sion, nämlich der, dafür zu sorgen, dass ihre eigenen Leiden und das Opfer ihrer Kameraden nicht vergeblich gewesen sind und dass die Gesellschaft in einen Kampfverband umgestaltet wird, in dem die heroischen Tugenden der Disziplin, des Opfers, der Selbstverleugnung und der Kameradschaft eines kämpfenden Soldaten verankert werden. Die ehemaligen Soldaten wollten ihre einzigartige Erfahrung auf die Gesellschaft als Ganzes übertragen und sie im Sinne dieser Erfahrung umgestalten und umformen. Sie hatten das starke Gefühl »außerhalb und über den vorherigen Generationen«[107] zu stehen und stellten sich »über Partei und Klasse [wie wir es] während des Krieges [waren]«[108]. Da die Gesellschaft jedoch eine Klassengesellschaft war, und die Politik als Parteipolitik stattfand, als Politik der Fraktionen und Interessengruppen, ist unschwer erkennbar, dass die ehemaligen Soldaten damit zu Feinden der etablierten Ordnung, des politischen Pluralismus und pazifistischer sowie humanistischer Werte wurden. Da der ehemalige Soldat die Rettung seines Landes anstrebte, den Staat wiederherstellen und die Welt nach seinem eigenen heroischen Bild umgestalten wollte, begehrte er »die Regierung des Landes«[109], war aber nicht darauf vorbereitet, sich seinen Weg in der traditionellen Art durch Ausschüsse und die Vorzimmer der Demokratie zu bahnen. Konsequenterweise wurde er zum Rebell.

107 Drieu La Rochelle, *Chronique Politique*, S. 15 f.
108 Valois, *Révolution Nationale*, S. 13.
109 Ibid.

Der ehemalige Soldat nahm damit eine Position neben einer Vielzahl von schlecht angepassten und unzufriedenen Kräften ein, die im Faschismus ein Lösungsversprechen sahen, das die traditionelle Rechte und Linke nicht bieten konnten. Die faschistische Ideologie war zweifellos am besten dazu geeignet, die Unzufriedenen anzuziehen, die keinen Platz in der Welt fanden, die die Angepasstheit der Linken und der Rechten verachteten und sich sogar ihren Feinden, den Kommunisten, – wie umgekehrt die Kommunisten in Bezug auf die Rebellen – viel näher fühlten als der Bourgeoisie, die trotzdem, im kritischen Moment und unter dem Druck der Ereignisse, zu ihrem Verbündeten werden sollte.[110]

Mit ihrem Hunger nach Aktion um der Aktion willen, nach Kampf um des Kampfes willen, schienen die Faschisten die einzigen authentischen revolutionären politischen Organisationen, die einzigen Bewegungen in unbedingter Gegnerschaft zur etablierten Ordnung, die einzigen Menschen zu sein, deren revolutionäre Glaubwürdigkeit – anders als bei den Linksparteien einschließlich der Kommunisten – nicht durch Kompromisse erschüttert worden war. Nach seinem Aufstieg

110 Der Gilles von Drieu hat niemals aufgehört, den Traum einer Union aller »Wertvollen« aus allen rebellierenden Gruppen, der jungen Bürger und der jungen Arbeiter, zu träumen, die zusammen die »freimaurerische Diktatur« (Gilles, S. 422) stürzen würden. Für Paul Marion würde diese Allianz eine sein von »all jenen, die die Nase voll haben, all jenen, die einen Wechsel wollen« (Programm der PPF, S. 110).

zur Macht muss der italienische Faschismus sicherlich als Regime betrachtet werden, und dass er ein Regime bildete, macht ihn zu einem Sonderfall. Aber er bestätigt zugleich die Regel. Denn die Generation der Faschisten von 1935 begab sich in Opposition zum bestehenden Regime, von einem faschistischen Utopia träumend, einem gereinigten, authentischen, erneuerten Faschismus. Wie einfältig diese Revolte auch gewesen sein mag – und an ihrer Sinnlosigkeit kann kein Zweifel bestehen –, sie repräsentierte jedenfalls eine Rebellion gegen die Kompromisse, den Verrat und die aufgegebenen Ideale eines veralteten Regimes.[111] Wir könnten mutmaßen, ob vergleichbare Schwierigkeiten in Deutschland entstanden wären, wenn es den Krieg nicht gegeben hätte. Freilich, kaum waren General Franco, Marschall Pétain und Admiral Horthy an der Macht der im Grunde reaktionären Regime gekommen, begannen sie die faschistischen Bewegungen aufzulösen, mundtot zu machen oder zu neutralisieren.

Die faschistische Elite, für die das Leben aus Opfer, Hingabe und Selbstverleugnung bestand, liebte es, sich als eine Art religiösen Orden zu betrachten, als *Croisés*[112], »die Handvoll Helden und Heiliger, die die Wiedereroberung bewerkstelligen werden«.[113] Drieu hielt überschwängliche Vorträge

111 Cf. Ruggero Zangrandi, *Le long voyage à travers le fascisme*; Paris 1963. Cf. auch George L. Mosse, *The Genesis of Fascism*, in: Journal of Contemporary History, Nr. 1, 1966, S. 17.
112 frz. Kreuzfahrer, Kreuzritter (Anmerkung des Übersetzers).
113 Degrelle, *Révolution des âmes*, S. 146.

über das Zeitalter der Epen, der Kathedralen und der Kreuzzüge[114], und Marcel Déat erklärte, dass »Nietzsches Idee der Selektion der ›guten Europäer‹ sich nun durch die LVF[115] und die Waffen-SS auf dem Schlachtfeld verwirklicht. Eine Aristokratie, eine Ritterschaft wird durch den Krieg herausgebildet, die der harte, reine Kern des künftigen Europa sein wird«.[116] Aber es war Léon Degrelle, selbst ein von der Front zurückgekehrter SS-Offizier, dessen Sprache am besten den Charakter dieser neuen Männer, die die faschistische Revolution hervorbringen sollte, ausdrückte: »Die wahren Eliten werden an der Front geformt, ein Rittertum wird dort geschaffen, junge Führer werden geboren. Dort findet man die wahre Elite von morgen ... und dort entsteht zwischen uns eine vollständige Bruderschaft, denn seit dem Kriegsbeginn hat sich alles verändert. Wenn wir auf unser eigenes Land blicken und einen fetten, verdummten Bürger sehen, haben wir nicht das Gefühl, dass dieser Mensch Mitglied unserer eigenen Rasse ist, aber wenn wir einen jungen Revolutionär sehen, aus Deutschland oder einem anderen Land, fühlen wir, dass er zu

114 Cf. Winock, op. cit., S. 40.

115 Bei Sternhell irrtümlich als LFV bezeichnet. Es handelt sich um die Légion des volontaires français contre le bolchévisme = Legion der französischen Freiwilligen gegen den Bolschewismus. Die LVF war ein im Juni 1941 auf Initiative von Jacques Doriot mit Zustimmung von Marschall Pétain gegründeter Freiwilligenverband, der an der Seite der NS-Wehrmacht an der Ostfront kämpfte. (Anmerkung des Übersetzers)

116 Déat, *Pensée allemande et pensée française*, S. 97 f.

uns gehört, denn wir sind eins mit der Revolution und der Jugend. Wir sind politische Soldaten. Das Abzeichen der SS zeigt Europa, wo politische und soziale Wahrheit zu finden sind ... Wir bilden die politischen Kader der Nachkriegswelt heran. Morgen wird Europa Eliten haben, wie es sie nie zuvor gekannt hat. Eine Armee junger Apostel, junger Mystiker, getragen durch einen Glauben, den nichts erschüttern kann, wird eines Tages aus der großen Schule der Front entstehen.«[117]

Der Einzelne und die Gemeinschaft

Die faschistische Ideologie entstand aus jener politischen Tradition, die das Individuum aus der Gemeinschaft ableitet. Die verschiedenen Strömungen, die im Faschismus zusammenflossen – Nationalismus, revolutionärer Syndikalismus, Antiparlamentarismus und Antiliberalismus jeglicher Färbung –, teilten die Ansicht, der Mensch sei ein soziales Tier. Sogar die Nationalisten der letzten Jahre des 19. Jahrhunderts sahen im einzelnen Menschen nicht mehr als das Werkzeug von Kräften, die durch die Gemeinschaft erzeugt werden. Ihre Ethik war sowohl bedingungslos anti-individualistisch als auch unversöhnlich der Theorie des Naturrechts und der Menschenrechte gegenüber. Die faschistische Ideologie übernahm also

117 Zit. bei Weber, op. cit., S. 41 f.

eine Anschauung vom Menschen, die in ihrer jüngsten Form bereits gut fünfzig Jahre alt war, und die in ihrer ältesten Ausprägung so alt war wie die grundlegenden Ideen des antirevolutionären Denkens selbst. Dies also ist der Ausgangspunkt der faschistischen Negation der »individualistischen« oder »atomistischen« Konzeption des Menschen, die zentral für die Weltsicht des klassischen Liberalismus ist: Das »menschliche Individuum ist kein Atom. Dem Konzept des Individuums ist das Konzept der Gesellschaft immanent ... Der Mensch ist, in absolutem Sinne, ein politisches Tier«, schrieb Gentile.[118] Für ihn ist die Annahme, dass der Mensch in völliger Freiheit vor oder außerhalb der Gesellschaft existiert, einfach eine Fiktion. Wie stark auch immer faschistische Denker in anderen Fragen unterschiedlicher Meinung gewesen sein mögen, in diesem Punkt stimmten sie alle überein. Von José Streel, der behauptete, dass »das Individuum ... nicht in reiner Form«[119] existiert, bis zu José Antonio, dessen Angriff in seiner Polemik gegen Rousseau[120] sich gegen die »mechanistische« Sicht der Gesellschaft richtete, da diese nicht mehr sei als eine Ansammlung von Individuen.

Diese Betrachtung des Menschen als integraler Teil eines organischen Ganzen ist die Grundlage der politischen Philosophie des Faschismus. Der Faschismus entwickelte eine Gesellschaftskonzeption, die der Gemeinschaft, ihren Traditio-

118 Zit. bei Gregor, op. cit., S. 213.
119 Streel, op. cit.
120 Primo de Rivera, op. cit., S. 49.

nen und besonders ihrer juristischen Verkörperung, dem Staat, den moralischen Vorrang einräumte gegenüber den unvollkommenen und vergänglichen Einzelmenschen, aus denen sie in jedem konkreten Zeitraum bestand. Laut Gregor lag die Ursache dafür in einer Vorstellung, die am umfassendsten von Gentile ausgearbeitet worden war. Sie bestand darin, dass ein außerhalb der Organisation der Gesellschaft mit ihren wechselseitigen Regeln und Verpflichtungen stehender Mensch über keine nennenswerte Freiheit verfüge. Außerhalb der Gesellschaft sei der Mensch Subjekt der Natur und nicht ihr Herr. Er sei Feind aller und niemandes Freund. Er werde durch Menschen und Dinge gleichermaßen misshandelt. Er befinde sich im Zustand schlimmster Abhängigkeit. Es gebe weder Freiheit noch Sicherheit, denn jeder Mensch sei der Heimtücke jedes Feindes ausgesetzt. Es bestünde keine Sicherheit für das Leben, noch weniger für die Freiheit. Die Freiheit, von der angenommen wird, dass der Mensch sie beim Eintritt in die Gesellschaft zum Teil eintausche, um den Rest dieser zu sichern, hat keine reale Existenz. Es handelt sich laut Gentile um einen nur imaginären Besitz, der durch einen ebenso imaginären Transfer an die Gesellschaft übertragen wird.

Der Mensch als geistig wirkende Kraft sei im Wesentlichen ein soziales Tier, das Freiheit nur in einer durch Regeln bestimmten Gemeinschaft mit anderen Menschen finde.[121] Letztlich besitzt der Mensch für Gentile seine Existenz nur,

121 Cf. Gregor, op. cit., S. 212 f.

insoweit er durch die Gesellschaft gestützt und determiniert wird: »Denn in der Grundidee des ›Ich‹ ist das ›Wir‹ angelegt.«[122] Der italienische Philosoph nahm hier einen Streit wieder auf, der Ende des 19. Jahrhunderts relativ breit geführt wurde und wesentlich auf der Behauptung beruhte, dass das Individuum keine Autonomie besitze und den Status eines menschlichen Wesens nur als Mitglied einer Gemeinschaft erreiche. In Mussolinis Worten: »In der faschistischen Geschichtsvorstellung ist der Mensch nur durch den geistigen Prozess, zu dem er als Mitglied der Familie, der sozialen Gruppe und der Nation beiträgt, sowie als Funktion der Geschichte, zu der alle Nationen ihre Beiträge erbringen, ein Mensch. Hieraus folgt der große Wert der Tradition der Schriften, der Sprache, der Sitten, der Regeln des sozialen Lebens. Außerhalb der Geschichte ist der Mensch ein Nichts. Der Faschismus ist deshalb ein Gegner aller individualistischen Abstraktionen, die auf dem Materialismus des 18. Jahrhunderts beruhen.«[123]

In dieser Hinsicht waren Mussolini, Gentile und all die anderen faschistischen Denker traditionalistisch und konservativ, denn ihrer Meinung nach beginnt der Mensch sein geis-

122 Ibid., S. 214.

123 Mussolini, *Fundamental Ideas*, S. 9 f. Cf. Marion, op. cit., S. 98: »Ein Mensch ist nicht nur eine bestimmte Anzahl von Pfunden organischer Materie. Er ist jemand, der eine lange Reihe von Ahnen und eine lange Geschichte hat, aus einer bestimmten Gegend kommt, einen bestimmten Beruf ausübt.«

tiges und sittliches Leben als Angehöriger einer bestimmten geschichtlichen Gemeinschaft. Er weist Aspekte der Vorschriften und Verbote dieser Gemeinschaft nur dann zurück, wenn ein ausreichender Grund dafür vorliegt. Der Mensch im mythischen Naturzustand, frei von einem beherrschenden Regelsystem, ist ein Mensch ohne menschliche Beziehungen, ohne Sprache, Denken und Moral, letztlich ohne eigentliche Menschlichkeit.[124]

Das faschistische Denken ging über diese Ansicht noch hinaus und entwickelte eine Konzeption der Freiheit und ein Ideal einer organischen Gesellschaft, die weit über alles hinauswies, was die erste Konterrevolution postuliert hatte. Freiheit war in Mussolinis Terminologie »die Freiheit des Staates und des Einzelnen im Staat«. Diese Definition der Freiheit, die »das Attribut lebendiger Menschen und nicht das abstrakter Marionetten, wie sie der liberalistische Individualismus erfindet« sein muss, entsprang einer axiomatischen Behauptung: »Die faschistische Sicht des Lebens betont die Bedeutung des Staates und akzeptiert den Einzelnen nur insoweit, als seine Interessen mit denen des Staates zusammenfallen, der für das Bewusstsein und den universalen Willen als historische Einheit steht ... Der Liberalismus verneint den Staat im Namen des Einzelnen, der Faschismus stellt das Recht des Staates als Ausdruck der wahren Interessen des Einzelnen wieder her.«[125]

124 Cf. Gregor, op. cit., S. 220.

125 Mussolini, *Fundamental Ideals*, S. 10 f., cf. auch S. 39.

Mussolinis Behauptung ist von grundlegender Bedeutung für das Verständnis des Faschismus. Seine Identifizierung des Individuums mit dem Allgemeinwillen war der wesentliche Eckstein des gesellschaftlichen und politischen Denkens der Faschisten.

Das Individuum wurde nur in Abhängigkeit von der sozialen Funktion gesehen, die es erfüllte, an seinem Platz in der Gemeinschaft. Für Gentile ist »das einzige Individuum, das jemals gefunden werden kann, das Individuum, das als eine spezialisierte Produktivkraft existiert«[126], und für Oswald Mosley war »wirkliche Freiheit wirtschaftliche Freiheit«. Der britische faschistische Führer definierte Freiheit in einer Sprache, die nicht ohne Anklänge an die Sprache einer bestimmten Ausprägung des Populärmarxismus war: »Wirkliche Freiheit bedeutet gute Löhne, kurze Arbeitszeit, sichere Arbeitsverhältnisse, gute Wohnungen, Gelegenheit zu Muße und Erholung mit Familie und Freunden.« Daraus wurde gefolgert, dass »ökonomische Freiheit nicht erreicht werden kann, bevor das ökonomische Chaos endet, und dieses kann nicht enden, bevor eine Regierung die Macht zum Handeln hat«[127], bevor, in den Worten von José Antonio, der Freiheit des Menschen »ein Rahmen von Autorität, Hierarchie und Ordnung«[128] gegeben werde.

126 Gentile, *The Philosophic Basis of Fascism*, S. 303.
127 Mosley, *Fascism: 100 Questions and Answers*, S. 9; und *The Greater Britain*, S. 22.
128 Primo de Rivera, op. cit., S. 33.

Die Demokratie, deren Funktion es war, die Rechte des Einzelnen zu garantieren und zu bewahren, und die das Individuum als das höchste Ziel der Gesellschaft betrachtete, musste in faschistischer Sicht ersetzt werden durch ein »sowohl im sozialen als auch im politischen Bereich organisch handelndes Volk«[129], denn Nationen und Gesellschaften seien lebendige, ganzheitliche Organismen, die ein Ziel an und für sich darstellten und die ihre eigene Hierarchie und Ausdrucksform besäßen. »Diese Ganzheiten«, schrieb Marcel Déat, »kamen zuerst und waren wichtiger als ihre Teile – die Individuen und Untergruppen.« Diese Konzeption von Nation und Gesellschaft war natürlich direkt gegen die französische rationalistische Sichtweise gerichtet, gemäß der diese Größen entweder durch den Druck der Umstände entstanden oder durch eine Vertragsgestaltung geschaffen wurden. Aus dieser faschistischen Sichtweise des Individuums und der Gesellschaft entsprang der stark romantisch geprägte Begriff des *Volksgeistes.*[130]

Durch die Unterordnung unter die Gruppe fand also das Individuum seine *raison d'être*, und durch seine Einordnung in die Gemeinschaft fand es Erfüllung. In den Worten von Mussolinis Justizminister: »Anstelle der liberal-demokratischen Formel ›Gesellschaft für den Einzelnen‹ steht bei uns ›Individuen für die Gesellschaft‹ ... Denn für den Faschismus ist die Gesellschaft das Ziel, der Einzelne das Mittel, und seine

129 Streel, op. cit., S. 113.
130 Déat, *Pensée allemande et pensée française*, S. 84 f. Das Wort »Volksgeist« ist im Original deutsch. (Anmerkung des Übersetzers)

gesamte Geschichte besteht in der Nutzung der Einzelnen als Instrumente für seine sozialen Ziele ... Individuelle Rechte werden nur berücksichtigt, soweit sie in die Rechte des Staates eingebettet sind.«[131] Mit der gleichen Zielrichtung behauptete Gentile, dass der Faschismus das berühmte »Paradox von Freiheit und Autorität« gelöst hat. »Die Autorität des Staates ist eine absolute« und »Freiheit kann nur im Staat existieren, und Staat bedeutet Autorität.«[132] Damit übereinstimmend behauptete José Antonio, dass »wirklich frei zu sein heißt, Teil einer starken und freien Nation zu sein.«[133]

Indem sie also dem Staat und der Nation, »dieser Gemeinschaft der Gemeinschaften«[134], den Vorrang zuwiesen, priesen die Faschisten die Werte der Gruppe, des Kollektivs und der nationalen Gemeinschaft, dabei schufen sie eine »neue Konzeption einer lebendigen Gemeinschaft, in der abstrakte Brüderlichkeit ersetzt wird durch eine Verwandtschaft des Blutes«[135] und außerdem das Problem der Entfremdung, »die erschreckende Isolation des modernen Menschen, der sich in der Fabrik, im Büro und daheim auf ein Waisenkind reduziert vorfindet«, gelöst wird[136].

131 A. Rocco, *The Political Doctrine of Fascism*, in: C. Cohen (Hrsg.), *Communism, Fascism and Democracy*; New York 1964, S. 341 f.; cf. auch Mussolini, *Political and Social Doctrine*, S. 22 f.

132 Gentile, *Philosophical Basis of Fascism*, S. 303 f.

133 Primo de Rivera, op. cit., S. 133.

134 Marion, op. cit., S. 94.

135 Déat, *Pensée allemande et pensée française*, S. 110.

Mittels solcher Argumentationen gelangte der Faschismus zum Bild eines neuen Menschen und einer neuen Gesellschaft, das eindrucksvoll durch Marcel Déat charakterisiert wurde: »Der totale Mensch in der totalen Gesellschaft, ohne Streit, ohne Schwäche, ohne Anarchie.«[137] Es besteht kein Zweifel daran, dass die Erfolge des Faschismus zum Teil auf die Sehnsucht des Menschen nach einer Verschmelzung mit der kollektiven Seele und seine Begeisterung für das Empfinden, Leben und Handeln im Einklang mit dem Ganzen zurückzuführen sind. Faschismus war eine Vision eines zusammengehörenden und einigen Volkes, und aus diesem Grund wies er Aufmärschen, Paraden und Uniformen, also faktisch einer umfassenden Gemeinschaftsliturgie, eine so große Bedeutung zu, und deshalb führte er einen unerbittlichen Krieg gegen alles, was trennen oder differenzieren könnte oder das für Unterschiedlichkeit und Pluralismus stand: Liberalismus, Demokratie, Parlamentarismus, Mehrparteiensystem. Diese Einheit findet ihren vollkommensten Ausdruck in der quasi heiligen Figur des Führers. Die Verehrung des Führers, der den Geist, den Willen und die Werte des Volkes verkörpert und der mit der Nation identifiziert wird, war das Kernstück der faschistischen Liturgie.

Durch diese romantische und mystische Konzeption des Lebens ist der Faschismus ein großes Abenteuer, ein Abenteuer,

136 Marion, op. cit., S. 93 f.

137 Déat, *Pensée allemande et pensée française*, S. 110. Cf. auch René Rémond, *Introduction à l'histoire de notre temps: le XXème siècle de 1914 à nos jours*; Paris 1974, S. 126 f.

das man mit seinem ganzen Selbst erlebt, ein »Fieber«, wie es Robert Brasillach auszudrücken pflegte. Doch lange vor ihm hatte d'Annunzio über die Erhöhung der Bedeutung des Lebens geschrieben, die dieses durch geheiligte Objekte, die Symbole einer säkularen Religion gewinnt: Instrumente eines Kults, um den sich Denken und Vorstellungen der Menschheit drehen, und die diese auf idealistische Höhen führen.[138] Diese neue Religion war ein Produkt der Veränderung der Politikgestaltung, die gegen Ende des 19. Jahrhunderts stattgefunden hatte.

Sowohl die faschistische Ideologie als auch der politische Stil des Faschismus waren offenkundig Produkte der neuen Massengesellschaft. Die faschistische Politik war eine Widerspiegelung der enormen Schwierigkeiten, die die aus dem 19. Jahrhundert übernommenen politischen Strukturen würden überwinden müssen, wenn sie im 20. Jahrhundert fortleben wollten. Eugen Weber hat betont, dass die liberale Politik des 19. Jahrhunderts eine repräsentative und parlamentarische war. Aber das Repräsentativsystem, dessen Symbol das Parlament ist, funktionierte angemessen nur in einer abgestuften Gesellschaft, in der die durch Handel und Wohlstand erworbene Stellung die durch Geburt zugewiesene Stellung abgelöst hatte, in der aber das Konzept der unterschiedlichen gesellschaftlichen Rollen als solches fortbestand und der Wähler, der seine Re-

138 Cf. Goerge L. Mosse, *The Poet and the Exercise of Political Power: Gabriele d'Annunzio*; in: Yearbook of Comparative and General Literature, Bd. 22 (1973), S. 32 f.

präsentanten respektierte und diesen vertraute, dass sie seinen Interessen dienten. Das parlamentarische Repräsentativsystem war durch und für eine Gesellschaft der Eliten ausgearbeitet worden, die nicht wesentlich durchlässiger war als die Feudalgesellschaft, die sie ersetzt hatte. In der Massengesellschaft mit ihren demokratischen Strukturen und ihrer Gleichheitsideologie, die gegen Ende des 19. Jahrhunderts vorherrschend wurde, funktionierte das Parlament entweder nicht mehr angemessen oder wurde zumindest nicht mehr als funktionierend empfunden. Seine Mängel zeichneten sich ab, die Übereinstimmungen im täglichen Verhandlungsgeschäft wurden zum Beweis der Korruption und der Kompromiss erhielt die Bedeutung eines Schimpfworts, denn die Massengesellschaft sprach in hochtrabenden Allgemeinplätzen und konnte nichts zulassen, das weniger war als die vollständige Erfüllung.

Die Wählermassen wären vielleicht toleranter gewesen, wenn sie sich besser repräsentiert gefühlt hätten. Aber der Kleinbürger auf der einen Seite und der neuerdings Bedeutung erlangende Industriearbeiter auf der anderen erkannten jeweils weder die Strukturen noch die Sprache der parlamentarischen Politik als ihre an. Letzteres bezog sich auf die Psychologie der elitären Politik des 19. Jahrhunderts, die rationalistisch und utilitaristisch geprägt war: Liberalisten und Marxisten argumentierten, dass der Mensch letztlich seine Interessen verstehen und dementsprechend handeln werde. Aber die Psychologie einer Massenwählerschaft ist, wie John Stuart Mills bereits vor Gustave Le Bon entdeckt hatte, irrational, und die Politiker lernten, an das Gefühl und nicht an den Verstand zu appellieren, weniger zu überzeugen, denn zu manipulieren.[139]

»Der Mensch ist nicht nur ein Verstandeswesen«, erklärte José Streel, »um ein Volk glücklich zu machen, ist es nicht ausreichend, ihm perfekte Gesetze zu verschaffen. Es bedarf auch eines bestimmten Klimas.«[140] Für Mussolini, der gelegentlich von seinesgleichen für seinen übertriebenen Rationalismus kritisiert wurde, und sogar für Gentile hatte die Empfindung »Vorrang vor dem Denken und war dessen Grundlage«.[141] Diese Appelle an die Empfindung als Gegensatz zur trockenen und trüben Argumentation der liberalen Politik waren ein wesentlicher Teil der großen Kampagnen, Seelen zu erobern und zu binden. Die Macht musste ergriffen, die nationale Einheit geschmiedet, der kollektive Wille behauptet werden. Dies mit allen zur Verfügung stehenden Mitteln. Im Grunde gaben sich die Faschisten in ihrer Propaganda demokratisch, wenn es auch nicht ihrem Wesen entsprach, denn sie wandten sich an Empfindungen, tief verwurzelte Vorurteile und Intuitionen der Wähler – nicht an deren Intellekt. Rationale Appelle sind nur wenigen verständlich und sind zugleich der Kritik unterworfen. Argumentation führt zur Untersuchung, zu Überlegungen und zur Uneinigkeit. Gefühle können geteilt werden,

139 Cf. Eugen Weber in der Einleitung zu Hans Rogger / Eugen Weber, *The European Right. A Historical Profile*; Berkeley / Los Angeles 1966, S. 17 f.
140 Streel, op. cit., S. 106.
141 Zit. bei Gregor, op. cit., S. 225.

Argumente selten und wenn, dann nur durch wenige.[142] Das Vernunftargument ist definitionsgemäß ein Mittel der Spaltung, der Zerstörung und führt zur Auflösung der Moral.

Der Faschismus war deutlich der geistige Erbe jenes Nationalismus der Rebellion und des Abenteuers, der seit dem Ende des 19. Jahrhunderts die Ablehnung der Industriegesellschaft sowie der liberalen und bürgerlichen Werte verfochten hatte. Das Unbehagen, das die Generation von 1890 zur Rebellion gegen den Status quo veranlasst hatte, taucht in nahezu identischer Form im Faschismus, zumindest auf der Ebene der Ideologie, wieder auf. Die Gewalt der früheren Rebellion wurde modifiziert, um den veränderten Bedingungen eines Zeitalters der Massenbewegungen angemessen zu sein, und der Faschismus sollte eine Massenideologie par excellence sein, da er zu jener Gedankenströmung gehörte, die seit der Jahrhundertwende versucht hatte, die tastenden und unsicheren analytischen Vorgehensweisen des Verstandes durch den unfehlbaren Instinkt der Massen zu ersetzen. Er propagierte den Kult des unmittelbaren Gefühls und verherrlichte sowohl den ungeduldigen Instinkt als auch die Emotion, die er als dem Verstand überlegen ansah. In der Isolation war der Verstand zur Fruchtlosigkeit verdammt. Ein zu stark ausgeprägter Hang zur intellektuellen Analyse schwächte den Willen, stumpfte die Vitalität ab und erstickte die Stimme der Ahnen. Darüber hinaus schwächte er das instinktive Selbstvertrauen des Einzelnen und könnte ihn dazu verleiten, an der Nation

142 Cf. Weber, *Varities of Fascism*, S. 37 f.

zu zweifeln. Intellektualismus erzeugte Individualismus und verdrängte die Urinstinkte des Menschen.[143]

Die faschistische Ideologie nahm also den Charakter einer anti-intellektuellen Bewegung an, die die Macht des Empfindens und irrationale Kräfte aller Art gegen die Rationalität der Demokratie setzte. Es handelte sich um die Wiederentdeckung des Instinkts, der Anbetung der physischen Stärke, der Gewalt und der Brutalität. Dies erklärt natürlich die Aufmerksamkeit, die Inszenierungen gewidmet wurde, die Sorgfalt, die für Dekor, die großen Zeremonien und für die Paraden aufgewandt wurde. Zusammen ergaben sie eine neue Liturgie, in der Beratung und Diskussion verdrängt wurden durch Gesänge, Fackeln und Aufmärsche. Wenn man ihn auf diese Weise betrachtet, dann erscheint der Faschismus als der direkte Abkömmling des Neo-Romantizismus der achtziger und neunziger Jahre des 19. Jahrhunderts, nur dass nunmehr die Revolte, deren Aufkommen die Generation des Fin de siècle kaum vorhergesehen haben dürfte, die Dimension angenommen hatte, die einer Massengesellschaft entsprach.

Dieser mystische, romantische, antirationalistische Faschismus war sowohl ein moralisches und ästhetisches System als auch eine politische Philosophie: eine umfassende Sichtweise des Menschen und der Gemeinschaft. Indem der Faschismus auf den von der Religion freigeschaffenen Platz gehoben wurde, wurde beabsichtigt, eine Welt mit festen Prinzipien zu schaffen,

143 Cf. J. L. Talmon, *Destin d'Israel: l'Unique et l'Universel;* Paris 1967, S. 75–81.

eine Welt, die befreit vom Zweifel und gereinigt von allen fremden Einflüssen war, um den Menschen und der Gemeinschaft ihre Authentizität zurückzugeben und die gefährdete Einheit der Nation wiederherzustellen. Sobald all dies erreicht ist, würden alle Mitglieder der nationalen Gemeinschaft, die einen Körper bilden und allein durch diesen existieren, wie ein Einzelner reagieren und auf die Probleme, mit denen sie konfrontiert sind, identisch reagieren; und sobald diese Einstimmigkeit hergestellt ist, würden politische und soziale Probleme auf Detailfragen reduziert. Mehr noch: das Proletariat würde nunmehr integraler Teil einer Nation sein, die zu einer Gemeinschaft geworden war, beherrscht durch ein vereinheitlichtes Wertesystem, eine gereinigte und disziplinierte Einheit, hinreichend gewappnet, sich mit feindlichen Gemeinschaften im Existenzkampf zu messen. Der Abstieg der Nation in die Dekadenz würde aufgehalten, Aktion und Heroismus würden respektierte Werte werden, und als Konsequenz würde sich die Vitalität der Nation, die nunmehr ihre Grundlage in einer organischen Solidarität hätte, frei entfalten können. In diesem Sinne verkörperte der Faschismus die Sehnsucht nach der Überwindung der Banalität der bürgerlichen Welt, des Materialismus der Industriegesellschaft und der Plattheit der liberalen Demokratie. Hinter dem Faschismus stand die Sehnsucht, dem Leben einen neuen Sinn zu verleihen. Deshalb nahm der Faschismus, wenn man ihn gründlich betrachtet, den Charakter einer neuen Religion an, die vollständig mit einer eigenen Mystik ausgestattet war und die die bestehende Welt insgesamt ablehnte.

Ein neuer »Sozialismus«

Dieser mystische und irrationale Aspekt des Faschismus, zusammen mit seinem Romantizismus und seiner Gefühlsbetonung, war allerdings nur eine Seite der Medaille. Die Kehrseite war der Faschismus der »Planung«[144] – technokratischer und verwaltungstechnischer Faschismus, so könnte man ihn nennen. Dieser Faschismus, der im Wesentlichen sozialistischen Ursprungs war, wies einerseits den Marxismus im Namen eines modernisierten, nationalen und autoritären Sozialismus zurück und andererseits auch die liberale Demokratie und die bürgerliche Gesellschaft, zunächst im Namen der sozialen Gerechtigkeit, aber vor allem im Namen der Effizienz und des technischen und wirtschaftlichen Fortschritts. Dies waren die beiden Ziele, denen Vorrang eingeräumt werden musste, wenn die Gemeinschaft die Krise überleben wollte, die die Welt erfasst hatte. Zu ihrer Verwirklichung erforderten diese Ziele zunächst und vor allem einen machtvollen, Entscheidungen treffenden Apparat. In anderen Worten einen Staat ohne die inhärenten Schwächen des parlamentarischen Systems.

In dieser Hinsicht verdankt der zweite Faschismus viel mehr als der andere, romantische Faschismus seinen Ursprung der

144 1933 wurde der *Plan de Travail* von Hendrik de Man durch die überwältigende Mehrheit der Belgischen Arbeiterpartei auf seine Empfehlung hin angenommen. Die Bewegung der »Planung« entwickelte sich danach schnell in ganz Westeuropa.

großen Wirtschaftskrise der zwanziger Jahre und der Unfähigkeit der traditionellen Strukturen, sich den neuen Problemen und Notwendigkeiten anzupassen. Es waren die unzulängliche Funktion der demokratischen Institutionen und die ungeschickten und wirkungslosen Anstrengungen, die unternommen worden waren, um die Institutionen und Doktrinen, geschaffen durch und für das 19. Jahrhundert, an sich davon stark unterscheidende Umstände und Situationen anzupassen, die die Ideen über »Planung« vorantrieben. Der Misserfolg der sozialdemokratischen und der Arbeiterparteien in der Periode zwischen den beiden Kriegen, tatsächlich der Misserfolg des marxistischen Denkens allgemein, war ein Faktor, der hochgradig den Aufstieg des Faschismus beeinflusste. Die Suche der Faschisten nach Antworten auf die neuen Probleme und die Lösungen, die sie dafür empfahlen, müssen als ein wesentlicher Aspekt des faschistischen Denkens betrachtet werden. Diese Form des Faschismus war damals das Ergebnis einer Revision des Marxismus und ein Ausdruck des Versuchs, den Sozialismus den modernen Gegebenheiten sowohl auf der ideologischen Ebene als auch im taktischen Bereich anzupassen. Dass diese Tendenz sich am deutlichsten in den drei am stärksten industrialisierten Ländern Westeuropas herausbilden sollte, und dies zu jener Zeit, wo die jeweiligen Bewegungen der Arbeiterklassen entweder den Höhepunkt ihrer Macht gerade erreicht oder ihn bereits überschritten hatten, war sicherlich kein Zufall. Es besteht klar ersichtlich ein enger Zusammenhang zwischen Oswald Mosleys Handlungen als junger Labour-Minister und denen von Hendrik de Man und Marcel

Déat. Sein Denken war das Resultat der gleichen ideologischen Modifikation und derselben politischen Analyse. Ihre Entwicklung zu Faschisten wich entsprechend den lokalen Gegebenheiten voneinander ab. Während Mosley als erster die Brücken hinter sich abbrach und offen eine faschistische Bewegung schuf und sich dabei auf seine Verwandtschaft mit Hitler und Mussolini berief, identifizierten sich de Man und Déat erst nach dem Debakel von 1940 mit der faschistischen Revolution. Trotzdem trug seit Mitte der dreißiger Jahre der neue Sozialismus, den sie verkündeten, die wesentlichen Eigenschaften des Faschismus in sich, obwohl ergänzt werden muss, dass diese Tatsache sie weder daran hinderte, Ministerämter für sozialistische Parteien zu bekleiden, noch Vorsitzender der Belgischen Arbeiterpartei im einen Fall oder im anderen Fall Führer der Parti Socialiste de France zu werden zu einer Zeit, da diese Teil der Volksfrontregierung war. Denn damals bestanden keine klaren ideologischen Grenzen, da dieses Phänomen ein völlig neues war und niemand wusste, wie es diagnostiziert werden sollte.

Die Kritiken, die die »Planer« und Neo-Sozialisten gegen den Marxismus vorbrachten, kreisten um zwei grundlegende Fragen: die Probleme des Klassenkampfes und die Anerkennung des *fait national*[145], das heißt, die Anerkennung der Legitimität des nationalen Gefüges und die Notwendigkeit, in-

145 Im Original französisch. Übersetzt etwa: die Nation als faktische Gegebenheit. (Anm. d. Ü.)

nerhalb dessen zu handeln. »Zusammenfassend glaube ich«, schrieb de Man, »dass der Sozialismus der kommenden Generation, unter Androhung des völligen Zusammenbruchs, so unterschieden von dem seiner Väter sein wird, wie [dieser wiederum] vom Sozialismus, der dem Kommunistischen Manifest voranging, es war«.[146]

Nach Dodge nahm dieser neue Sozialismus »die vollständig veränderte Bedeutung des Klassenkampfes in der gegenwärtigen Welt« zum Ausgangspunkt. Tatsächlich erschien es im Hinblick auf den Klassenkampf nunmehr nicht nur so, dass das Proletariat niemals die Mehrheit der Gesellschaft bilden würde, sondern auch, dass soziale Identifikation nicht allein auf der Basis der Interessenanalyse vorausgesagt werden könne. Auf diese Weise bestand ein unvermeidlicher Unterschied zwischen zwei sozialen Gruppen, dem Proletariat und den neuen Mittelklassen, die beide das im Grunde gleiche Verhältnis zu den Produktionsmitteln – nämlich vom Besitz ausgeschlossen zu sein – hatten.[147] Daraus zog de Man seine eigenen Schlüsse und schlug die Bildung einer »Arbeitsfront« vor, die all jene Elemente umfassen sollte, die sich dem Finanzkapital ausgeliefert sahen. Als nach 1930 Marcel Déat erstmals vorschlug, dass die Sozialisten eine breite »antikapitalistische« Allianz anführen sollten, bereitete er tatsächlich genau der gleichen Idee den Weg, auf der die Tilgung der sozialistischen

146 Hendrick de Man, *Clarification*, in: Le Peuple v. 24. September 1933, zit. bei Dodge, op. cit., S. 143.
147 Dodge, op. cit., S. 178.

Besonderheit beruhte.[148] Der *Planisme*[149] war übereinstimmend mit und Ausdruck der allgemeineren sozialistischen Ideologie, die von de Man entwickelt wurde, übereinstimmend besonders darin, dass diese Ideologie ausdrücklich darauf bestand, dass die Entfernung eines bestimmten Unternehmens aus dem Privatsektor der Wirtschaft eine Entscheidung sei, die aus pragmatischen Gründen getroffen werden solle und nicht eine Frage der Doktrin. In gleicher Art stellte de Man heraus, wie unrealistisch die marxistischen Vorschläge zur Landwirtschaft in Ländern seien, in denen die Kleinbauernwirtschaft blühte, und forderte außerdem, dass die direkte Sozialisierung nur auf diejenigen Sektoren der Wirtschaft angewandt werden solle, in denen die Fertigungsprozesse tatsächlich bereits kollektiv erfolgten, d. h. in der Großindustrie.[150]

Der Plan war das Produkt der Krise, die Antwort auf diese Krise und schließlich ein Versuch zur Rettung der Mittelschicht, die von der Krise am stärksten betroffen war. Auf lange Sicht war der Plan ein Ersatz für das aufgegebene sozialistische Ziel des Umbaus der Gesellschaft. Da die Strukturen der Volks-

148 Cf. Marcel Déat, *Perspectives Socialistes;* Paris 1930, bes. S. 43–85. Déat selbst zitiert Hendrick de Man, *Au-delà du Marxisme*, S. 45 u. 63.

149 Im Original französisch. Übersetzt etwa: Plangedanke. Es handelt sich um die Selbstkennzeichnung dieser Richtung, die die Planwirtschaft in das Zentrum der Ideologie stellte, diese aber nicht in Zusammenhang mit der Eigentumsfrage betrachtete, letztlich also einen staatsmonopolistischen Kapitalismus propagierte. (Anm. d. Ü.)

150 Dodge, op. cit., S. 144.

wirtschaft unangetastet blieben, wurde der Plan unter diesen Bedingungen zum Rettungsring des Kapitalismus.

Die wahre Bedeutung des Plans und des Denkens von Hendrik de Man kann am deutlichsten aus ihren politischen Folgen entnommen werden: Der Autor von »Au-delà du Marxisme« trat tatsächlich für eine weitreichende Reform des Systems ein. Dodge teilte mit, dass de Man von der Notwendigkeit sprach, einen starken Staat zu errichten, der in der Lage sein sollte, den Angriffen der Finanzmächte zu widerstehen. Die klassische Teilung der Macht müsse umverteilt werden zugunsten einer Teilung der Funktionen, durch die die Legislative auf eine überwachende Rolle zurückgestuft würde. Und unter wohlwollender Überwachung würde die gemischte Wirtschaft der Nation nach korporistischen Überlegungen so weitgehend wie möglich organisiert. In einer Artikelserie in »Le Peuple« unter dem Titel »Korporatismus und Sozialismus« versuchte de Man zu demonstrieren, dass es ein Fehler sei, den Faschisten das Monopol auf den Korporatismus zu überlassen, den er als »... autonome Gruppe und Handlung auf Grund von Interessen, die aus der Praxis eines Handels oder einer Berufes herrühren« bestimmte. Im Gegenteil sei ein solches Organisationsprinzip genau das, was notwendig wäre, wenn der Sozialismus die Übel der Bürokratisierung und Zentralisierung vermeiden wolle, derer ihn seine Gegner beschuldigten ... Eine systematische korporatistische Organisation der Gesellschaft erlaube die friedliche Konfliktbeilegung.[151]

151 Cf. Ibid., S. 160.

Trotz der Provokation, die seine Vorschläge darstellten, und trotz der innerparteilichen Opposition gegen ihn in der Belgischen Arbeiterpartei wurde Hendrik de Man nach dem Tod von Emil Vandervelde deren Präsident. In seiner Eigenschaft als Vorsitzender der belgischen Sozialisten verkündete er im Juni 1940 die Auflösung seiner Partei als Aufbruch in die neue Welt, die der Sieg der Nazis gebracht hatte. Seiner Ansicht nach hatte der Zusammenbruch der parlamentarischen Parteien den Weg für die Bildung eines wahren und autoritären Sozialismus bereitet, der in seinen wesentlichen Aspekten auf dem Modell der Nazis beruhen sollte.[152]

Die Notwendigkeit, »den Nationalismus zu berücksichtigen« und »die Volkswirtschaft auf dem Boden der Nation«[153] zu verwurzeln, bilden, gemeinsam mit der Verteidigung des Bürgertums, einen der beiden Grundpfeiler der neosozialistischen Ideologie, die sich schnell zu einer echten faschistischen Ideologie entwickelte. Durch ihre Bewegung »auf die Ebene einer nationalen Realität« und durch den »Rückfall in ihr nationales Gefüge« hatten die Völker unvermittelt eine völlig neue Situation geschaffen: »Sie haben uns gezwungen«, sagte Marquet, »ihnen zu folgen.«[154] In ande-

152 Cf. die Rede in Charleroi am 1. Mai 1941, die als Prototyp der Reden diente, die er später auf verschiedenen Versammlungen der Arbeiterbewegung hielt; abgedruckt in: Le Travail v. 6. Mai 1941, wiedergegeben bei Dodge, op. cit., S. 202.

153 Déat, *Néo-Socialisme*, S. 90.

154 Adrien Marquet, *Néo-Socialisme*, S. 57 u. 60. Es war an der Stelle

ren Worten: Gelangten die Neosozialisten genau in dem Moment, da sie im Begriff waren, die SFIO zu verlassen, um den Parti Socialiste de France ins Leben zu rufen, zu Schlussfolgerungen, die nicht nur jene wieder aufgriffen, die Michels, Sorel und Mussolini fünfzehn oder zwanzig Jahre zuvor gezogen hatten, sondern die darüber hinaus im Wesentlichen dieselben waren, zu denen Barrès am Ende des vorigen Jahrhunderts gelangt war, nämlich: die Loyalität der Massen könne nur im Namen einer dringenderen und zwingenderen Realität mobilisiert werden – der Nation. Das Konzept der *Nation* sei das Schlüsselkonzept der politischen Ordnung im 20. Jahrhundert.[155]

Im Kern bestand das, was Déat und seine Mitstreiter erklärten, aus der Aussage, dass das traditionelle marxistische Klassenkonzept seine Bedeutung verloren habe: »Der Marxismus ist die sozialistische Antwort auf den Kapitalismus von 1850.«[156] Die Mittelschicht war von der Wirtschaftskrise so stark betroffen wie jede andere, und da sie härter getroffen wurde als das Proletariat und von der Proletarisierung bedroht war, war sie in Aufruhr gegen das kapitalistische System und

von Marquets Rede, wo es hieß: »Sind die Nationen nicht in einem Bewegungsprozess hinein in eine neue Realitität?«, an der Blum seinen berühmten Einwurf machte: »Ich kann Ihnen sagen, dass ich erschreckt bin.«

155 Cf. Gregor, op. cit., S. 89.

156 Déat, Antwort auf eine Umfrage der Wochenzeitung Monde v. 1. Februar 1930, S. 10.

den liberalen Staat geraten. Es war die Aufgabe der Sozialistischen Bewegung, sich die Rebellion der Mittelschicht zu Nutze zu machen, die »in ihrem Versuch, sich selbst zu befreien«, nach der »Wiederherstellung des Staates und dem Schutz der Nation«[157] rief. Léon Blum hatte recht, wenn er von einer faschistischen Infektion sprach, denn in ihren Anstrengungen, den Faschismus zu bekämpfen, griffen seine früheren Genossen faschistische Methoden auf. Wie Blum richtig erkannte, konnten das Primat der Idee der Nation, die Leugnung der besonderen Rolle des Proletariats und die Leugnung seiner revolutionären Fähigkeiten in einer Welt der Krise nichts anderes sein als die Leugnung der Idee der Klasse im marxistischen Sinn des Wortes.

Diese Art von Überlegungen machte es für Drieu La Rochelle möglich, von »bourgeoisen Arbeitern« zu reden, die die »Dritte Partei« – die Faschisten – nicht vernichtet sehen, sondern in eine Reihe mit den Bauern und dem Proletariat stellen wollte.[158] Mosley, José Antonio und die belgischen Rexisten schätzten die Situation sehr ähnlich ein. Der Gegensatz bestehe nicht mehr zwischen dem Proletariat und der Bourgeoisie, sondern zwischen den »Arbeitenden aller Klassen« und dem »Bankkapitalismus oder Hyperkapitalismus«.[159] Diese Herangehensweise ermöglichte es, wirtschaftliches Schmarotzertum

157 Déat, *Néo-Socialisme*, S. 76, cf. S. 25 f. u. S. 74 (Montagnon).
158 Cf. Drieu La Rochelle, Sous Doumergue, in: La Lutte des Jeunes v. 7. Mai 1934.
159 Cf. Streel, op. cit., S. 143.

und soziale Ausbeutung auszuschalten, ohne die Einheit der Nation zu beeinträchtigen, die durch die Idee des Klassenkampfes beschädigt worden sei, und erlaubte den Schutz von Nation, Familie und Beruf, die durch das künstliche Konzept der Klasse bedroht worden seien.[160] Zwanzig Jahre früher war es das Aufgeben der Idee des Klassenkampfes gewesen, des Grundpfeilers der sozialistischen Lehre, welches Mussolinis Schwenk zum Faschismus verursacht hatte. Den gleichen Prozess des Umschwungs zum Faschismus können wir auch bei den sozialistischen Ministern de Man, Déat und Mosley, bei den kommunistischen Führern Doriot und Marion, bei den tausenden der sozialistischen und kommunistischen Militanten beobachten. So endete diese Sehnsucht, den Sozialismus auf den neuesten Stand zu bringen und ihn der modernen Welt anzupassen, schließlich im Faschismus.

Der nationale Sozialismus vom Ende des vorigen Jahrhunderts hatte den gleichen Weg genommen, wobei es sein Ziel gewesen war, den nationalen und den sozialen Gedanken zu vereinen, Nationalismus und Sozialismus in einer einzigen Bewegung zusammenzufassen und die Rechte mit der Linken zu vereinen. Dieses Erbe wurde durch jene Form des Faschismus aufgenommen, die »weder links noch rechts« sein wollte, »weil grundsätzlich die Rechte für die Aufrechterhaltung der Wirtschaftsordnung steht, wenn auch einer ungerechten,

160 Cf. Primo de Rivera, op. cit., S. 55, 62; Mosley, Fascism: *100 Questions*, Question 8; Denis, Principes Rexistes, S. 17.

während die Linke für den Versuch steht, diese Wirtschaftsstruktur zu stürzen, selbst wenn diese Subversion die Zerstörung von vielen Dingen einschließen würde, die erhaltenswert wären ... Unsere Bewegung wird um keinen Preis ihr Schicksal von den Eigeninteressen der Gruppen oder Klassen abhängig machen, die der oberflächlichen Teilung in links und rechts unterliegen.«[161] Diese Idee taucht immer wieder, mit nur geringen Variationen, in den Schriften aller faschistischen Denker auf. Zum Beispiel wies Mussolini sechs Monate nach Gründung der Fasci di Combattimento darauf hin, es sei »etwas schwierig, Faschisten zu definieren. Sie sind keine Republikaner, Sozialisten, Demokraten, Konservativen noch Nationalisten. Sie vertreten eine Synthese aller Negationen und aller Bestätigungen ... Indem sie alle Parteien verwerfen, sind sie zugleich deren Vollendung.« Im Verständnis seiner Vertreter erreichte der Faschismus, der hochgradig nationalistisch und sozial veranlagt war, also eine harmonische Synthese zwischen den Kräften der Vergangenheit und den Erfordernissen der Zukunft, zwischen dem Gewicht der Tradition auf der einen Seite und dem revolutionären Enthusiasmus auf der anderen. Er machte sowohl bei der Linken als auch bei der

161 Primo de Rivera, op. cit., S. 53 u. 64. Zur gleichen Zeit bot am anderen Ende von Europa Codreanu eine Lehre an, die weder mit den nationalistischen Vorurteilen der Arbeiter und Bauern kollidierte, noch deren Verdacht gegen städtische Betrüger hervorrief, die sie ausstechen und ausnutzen wollten. (Eugen Weber, *The Men of Archangel,* in: Journal of Contemporary History, Nr. 1, 1996, S. 118 f.)

Rechten Anleihen. In der Praxis machte natürlich das Beharren auf der Zusammenarbeit der Klassen und deren Versöhnung innerhalb des korporatistischen Systems die Faschisten unwiderruflich zu einem Teil der Rechten.

Nationalismus und Sozialismus wirken zum gegenseitigen Vorteil. Der Nationalismus wird zu einem gewissen Anteil aus der sozialen Frage gespeist und die soziale Frage erhält einen beträchtlichen Anstoß durch den gesteigerten Wert, der allen Bürgern unter den Bedingungen der gemeinschaftlichen Begeisterung zugesprochen wird. Der Wunsch, eine Partei über und weit über allen anderen zu sein, ist unweigerlich immer gegeben; sehr oft leitet sich ein Großteil der treibenden Kraft dahinter aus der tiefen Überzeugung ab, dass die Gesellschaft von oben nach unten neu formiert werden müsse. Die Nation müsse durch idealistische Energie erneuert werden, die in großem Umfang aus der nationalen Solidarität gewonnen werde.[162] Die faschistische Ideologie ist Teil der Versuche, neue politische Wege zu bahnen, Lehren zu schaffen, die den veränderten Realitäten angemessen sind. Die alte Rechte und die alte Linke waren zur Lösung dieser Aufgabe nicht fähig, da sie, laut Mosley, »beide Instrumente sind, die verhindern, dass etwas getan wird, und das vordringlichste Erfordernis der Moderne ist es, dass etwas getan werden muss.«[163] »Wir müssen die schwerfällige Maschinerie des Kapitalismus demontieren,

162 Cf. Michael Hurst, *What is Fascism*, S. 168 f.
163 Mosley, *The Greater Britain*, S. 18 f.

die zur sozialen Revolution führt, zur Diktatur nach russischer Art«, sagte José Antonio, »wir müssen sie demontieren, aber durch was werden wir sie ersetzen?«[164]

Was sollte den Platz der Diktatur des Geldes einnehmen, welcher Mittelweg zwischen »Hyperkapitalismus und Staatssozialismus«[165] konnte gefunden werden? Die Antwort bestand in einer gelenkten Wirtschaft und einer korporativen Organisation mit einem starken Staat an der Spitze, einem kraftvollen, entscheidungsfähigen Apparat. Es handelte sich um ein pragmatisches System, das nicht versuchte, eine bestimmte Eigentumsform vorzuschreiben. Trotzdem erschien es denjenigen faschistischen Ökonomen, die von der Linken kamen, dass sich mit dem Fortschritt der wirtschaftlichen Organisation die aktive ökonomische Bedeutung des Privatkapitals verringern werde bis, seine soziale Nützlichkeit ausgenommen, die Bedeutung und Macht des Kapitals verschwunden sein werde. De Mans »Plan der Arbeit«, der zur offiziellen Politik der Belgischen Arbeiterpartei wurde, sah eine gemischte Wirtschaft vor, in der »politische Macht genutzt wird, um die wirtschaftlichen Bedingungen herzustellen, in der die Kapazitäten des Landes zu Produktion und Konsumption einander angepasst werden. Dieses Ziel schließt eine doppelte Änderung der Lehre von der Sozialisierung ein: An erster Stelle ist die Umsetzung eines Plans im nationalen Bereich nicht länger

164 Primo de Rivera, op. cit., S. 180.
165 Denis, *Principes Rexistes*, S. 28.

Angelegenheit des internationalen Bereiches, sondern genießt Vorrang, was bedeutet, dass die Nationalisierung des Sozialismus dessen gegenwärtige Ausformung sein muss. Zweitens ist die Schwierigkeit der Nationalisierung nicht die Veränderung der Eigentumsverhältnisse, sondern die der Machtbefugnisse – was bedeutet, dass das Problem der Verwaltung Vorrang vor dem des Besitzes hat.«[166]

Diese Ansichten wurden durch offizielle sozialistische Organisationen gutgeheißen: durch die Belgische Sozialistische Partei und durch die französische CGT. Und es geschah nicht zufällig, dass der britische Faschismus aus wohl begründeter reformistischer Ungeduld unter strenggläubigen Sozialisten entstand. Trotzdem begriffen die europäischen Sozialisten in ihrer Mehrheit, dass diese Ansichten jenen gefährlich nahe kamen, die durch die korporatistischen Wirtschaftswissenschaftler ausgesprochen wurden und die Italien und Deutschland in die Praxis umzusetzen begannen.

Es war die Weltwirtschaftskrise von 1929, die Sozialisten wie Mosley, de Man und Déat dazu veranlasste, sich öffentlich für Protektionismus und eine Politik der Abschottung der nationalen Wirtschaft auszusprechen. Die Wirtschaftskrise wendete den Blick der Sozialisten nach innen auf die Nation und auf die Idee eines starken, durchsetzungsfähigen Staates, effizient und autoritär, der zur Aufrechterhaltung der Ordnung und zur Versöhnung der auseinanderstrebenden Interessen in der

166 Weber, *Varieties of Fascism*, S. 50 f.

Gemeinschaft fähig sein sollte, der beschrieben wurde als »der Herr seines Geldes und fähig zur Kontrolle der Wirtschaft und der Finanzen«, und der außerdem, nach den eigenen Worten der Neosozialisten, fähig sei, »den Großkapitalisten bestimmte Verhaltensregeln aufzuerlegen« und »die Grundlage für eine gelenkte Wirtschaft vorzubereiten, die in der Logik der Dinge liegt.« Die gegenwärtige Krise, »eine umfassende Krise der Demokratie«, sei die Krise eines »Staates, der zu schwach ist«.[167] Im Falle de Mans führte die Notwendigkeit der Modernisierung der politikgestaltenden Strukturen zur Idee einer »autoritären Demokratie«[168] als Ersatz für die alte parlamentarische Demokratie. Für José Antonio würde die neue Welt eine der Autorität, Hierarchie und Ordnung[169] sein; nach Sir Oswald eine der Ordnung, Autorität und Entscheidungsfähigkeit[170], und für die französischen Neosozialisten eine der Ordnung, der Autorität und der Nation[171]. Obwohl alle drei Formulierungen die Begriffe Ordnung und Autorität enthalten, unterscheidet sich die dritte nach den besonderen örtlichen Gegebenheiten. Die Reform der Beziehungen zwischen der Macht und ihren Strukturen war, wie wir an diesen Beispielen sehen können, der Eckstein der faschistischen Revolution.

167 Déat, Marquet, Montagnon; *Néo-Socialisme*, S. 23 f., 32 f., 53 f., 74, 95–98.

168 Dodge, op. cit., S. 180, vf. auch S. 182–192.

169 Cf. Primo de Rivera, op. cit., S. 65.

170 Cf. Mosley, *The Greater Britain*, S. 20.

171 Cf. den Buchtitel: *Néo-Socialisme: Ordre, Autorité, Nation.*

»Unser Staat wird ein totalitärer im Dienst der Einheit des Vaterlandes sein«, sagte José Antonio. »Alle Spanier werden darin eine Rolle spielen durch ihre Mitgliedschaft in Familien, Gemeinden und Gewerkschaften. Niemand soll darin eine Rolle durch eine politische Partei spielen. Das System der politischen Parteien wird durchgreifend abgeschafft werden, zusammen mit all seinen Auswirkungen: unorganisches Wahlrecht, Vertretung durch widerstreitende Fraktionen und den Cortès, so wie wir ihn kennen.«[172]

Unzählige Passagen im identischen Sinn sind in der faschistischen Literatur zu finden. Totalitarismus ist der wesentliche Kern des Faschismus, und der Faschismus ist fraglos das reinste Beispiel einer totalitären Ideologie. Durch die von ihm in Angriff genommene Schaffung einer neuen Zivilisation, eines neuen Menschentyps und einer völlig neuen Lebensart war im Faschismus keinerlei Sphäre der menschlichen Aktivität vorstellbar, die unberührt von dem Eingriff des Staates bliebe. »Wir sind mit anderen Worten ein Staat, der alle in der Natur handelnden Kräfte kontrolliert. Wir kontrollieren die politischen Kräfte, wir kontrollieren die sittlichen Kräfte, wir kontrollieren die wirtschaftlichen Kräfte …«, schrieb Mussolini, »alles für den Staat, nichts gegen den Staat, nichts außerhalb

172 Primo de Rivera, op. cit., S. 133.

des Staates.«[173] Für ihn war der faschistische Staat nicht nur ein lebendiges Wesen, ein Organismus, sondern auch ein geistiges und moralisches Subjekt: »Der faschistische Staat ist hellwach und hat seinen eigenen Willen. Aus diesem Grund kann er als ›ethisch‹ beschrieben werden.«[174] Die Existenz des Staates schließt nicht nur die Leugnung der Rechte des Einzelnen ein – »Das Individuum existiert nur insofern es Teil des Staates ist und den Anforderungen des Staates unterworfen ist.« –, sondern der Staat erklärt sein Recht, ein Staat zu sein, »der notwendigerweise die Menschen sogar in ihrem physischen Aspekt umformt.«[175] Außerhalb des Staates »können keine menschlichen oder geistigen Werte existieren, geschweige denn Wert besitzen«, »keine Einzelwesen oder Gruppen (politische Parteien, Kulturvereinigungen, wirtschaftliche Zusammenschlüsse, soziale Klassen)«.[176] Die konkreten Konsequenzen einer solchen Konzeption politischer Macht und die physische und moralische Unterdrückung, die sie hervorrufen sollten, sind nicht schwer vorstellbar. Hier sehen wir wiederum, auf welche Weise sich der kommunistische und der faschistische Totalitarismus unterscheiden: Während Stalins Diktatur niemals als Anwendung der marxistischen Staatstheorie beschrieben werden konnte, war der faschistische Terror in die Praxis umgesetzte Doktrin in der methodischsten

173 Mussolini, *Fascism*, Anhang, S. 40.
174 Mussolini, *Political and Social Doctrine*, S. 27.
175 Mussolini, *Fascism*, Anhang, S. 38 f.
176 Mussolini, *Fundamental Ideas*, S. 11.

Art. Beim Faschismus haben wir die perfekteste Verwirklichung der Einheit von Denken und Handeln.

Der italienische Faschismus trieb seine Verherrlichung des Staates so weit, ihn mit der Nation gleichzusetzen. Für Gentile war der Staat – und die Nation – nicht »eine Gabe der Natur«, sondern eine Schöpfung des Geistes; für Mussolini ist es »nicht die Nation, die den Staat hervorbringt; das ist ein antiquiertes naturalistisches Konzept, das als Grundlage für die Öffentlichkeit des 19. Jahrhunderts zugunsten nationaler Regierungen gebraucht wurde. Vielmehr ist es der Staat, der die Nation schafft, indem er einem Volk, dem seine sittliche Einheit gewahr gemacht worden ist, Willen und damit wirkliches Leben verleiht.«[177] Diese Betrachtungsweise des Staates ist eine perfekte Illustration des Unterschieds zwischen der italienischen – man ist versucht, von der »westlichen« zu sprechen – Version des Faschismus und dem Nazismus, der den Staat als Schöpfung des Volkes und als Diener der Gemeinschaft und der *Rasse* sah. Es erklärt auch, warum der *Rassegedanke* ursprünglich dem italienischen Faschismus fremd war. »Rassismus oder das Prinzip der rassischen Selbstbestimmung, wie es in den letzten Jahren genannt worden ist«, schrieb der englische Faschist Barnes in einer Zusammenfassung von Mussolinis Ideologie, »ist eine materialistische Illusion, dem Naturrecht entgegengesetzt und zerstörerisch für die Zivilisation. Es ist die *reductio ad absurdum* des Nationalismus; jede wirklich

177 Ibid., S. 12; Gentile, *The Philosophic Basis of Fascism*, S. 302.

logische Anwendung davon ist eine Farce und undurchführbar.«[178] Nur in Mittel- und Osteuropa stellte der Rassismus einen integralen Bestandteil der faschistischen Ideologie dar. In Westeuropa war er oftmals ein fremder Import, da sich die verschiedenen Faschismen in den späten dreißiger Jahren unter dem Einfluss des Nazismus entwickelten und sich schnell in dessen Richtung bewegten. Obwohl er der Schlüssel der Nazi-Doktrin war, kann der biologische Rassismus deshalb nicht automatisch als dem Faschismus zu allen Zeiten und überall innewohnend betrachtet werden.

Der faschistische Staat, der Schöpfer allen politischen und sozialen Lebens und aller geistigen Werte, würde natürlich der unbestrittene Beherrscher der Wirtschaft und der sozialen Beziehungen sein. Politische Macht wurde als ein Instrument zur Versöhnung und Harmonisierung der widerstreitenden Interessen betrachtet, die innerhalb der Gemeinschaft existierten. Der Staat würde deshalb die Kontrolle über die Schlüsselstellungen der Wirtschaft übernehmen, ohne dadurch verpflichtet zu sein, einen Angriff auf das Privateigentum zu übernehmen. Faschistische Unterstützer linker Überzeugungen sahen dies als die Schwäche des Faschismus an, da die Aufrechterhaltung traditioneller Wirtschaftsstrukturen kaum vereinbar mit der Errichtung einer neuen sozialen Menschheitsordnung erschien. In der Sicht der faschistischen Denker schienen trotzdem das Primat des Staates und die Unterordnung der Wirt-

178 Barnes, op. cit., S. 59 f.

schaft unter die Politik eine hinreichende Gewähr gegen die Rückkehr zur alten Ordnung zu bieten. Die Neuartigkeit und Originalität des Systems bestand in der Dienstbarmachung des Kapitalismus für die Gemeinschaft. Der Faschismus, mit den übelsten Aspekten des Kapitalismus aufräumend, würde gleichzeitig von dessen technischen Fortschritten und den tiefverwurzelten psychologischen Motiven profitieren, denen er unterlag. Das Streben nach Profit blieb die treibende Kraft der wirtschaftlichen Aktivitäten, und an diesem Punkt unterschied sich der Faschismus in nichts vom Liberalismus. Was ihn radikal sowohl vom Sozialismus als auch vom Liberalismus trennte, war seine Verteidigung des Primats der Politik. Für Oswald Mosley ist »Kapitalismus [...] das System, durch das das Kapital die Nation für seine eigenen Zwecke benutzt. Faschismus ist das System, durch das die Nation das Kapital für seine eigenen Zwecke einsetzt. Privates Unternehmertum wird erlaubt und gefördert, solange es mit den nationalen Interessen übereinstimmt. Private Unternehmen sind nicht erlaubt, wenn sie in Konflikt mit den nationalen Interessen geraten.«[179] Und in Sir Oswalds Sicht bedeutet das: »Dies schließt ein, dass jegliches Interesse, ob links oder rechts, industriell, finanziell, gewerkschaftlich oder des Banksystems, dem Dienst der Gemeinschaft als Ganzem und der beherrschenden Autorität des Staates untergeordnet ist. Kein Staat innerhalb des Staates kann erlaubt werden. ›Alles innerhalb des Staates,

179 Mosley, Fascism: *100 Questions*, Question 35.

nichts außerhalb des Staates, nichts gegen den Staat.‹«[180] Deshalb war es der Kapitalismus und nicht das Privateigentum, den die Faschisten angriffen, und es wurde eine klare Unterscheidung getroffen: »Das Eigentum ist die direkte Projektion des Einzelnen auf die Sache, es ist ein grundlegendes menschliches Attribut«, während der Kapitalismus, der »schrittweise dieses Eigentum des Einzelnen durch das des Kapitals ersetzt hat, [...] schließlich [...] Besitzer und Arbeiter, Angestellte und Anstellende auf den gleichen Zustand der Fremdheit reduziert, auf die gleiche subhumane Bedingung des Menschen, der von all seinen Eigenschaften entblößt ist, dessen Leben von aller Bedeutung entkleidet ist.«[181]

Da das korporative System nicht zum Vorteil des Proletariats, sondern zu dem der Arbeitgeber arbeitete, wurde das kapitalistische System durch den Faschismus nicht zerstört, sondern vielmehr fortgeführt und schließlich gerettet. Trotzdem kann nicht geleugnet werden, dass der Faschismus auf der ideologischen Ebene, im Bereich der Grundbedürfnisse, die Ausbeutung beseitigen wollte und zwar durch die Kontrolle der wirtschaftlichen Interessen. Wenn eine organische Gesellschaft naturgemäß dem politischen Pluralismus feindlich gesonnen ist, so ist sie doch nicht weniger antagonistisch zu den abscheulichsten Formen der sozialen Ungerechtigkeit, und tatsächlich musste dies so sein, wenn das Proletariat in die Gemeinschaft

180 Mosley, *The Greater Britain*, S. 27.
181 Primo de Rivera, op. cit., S. 178.

integriert und wenn die sozialen Beziehungen grundlegend geändert werden sollten. Für Mussolini musste das einfache Wort »Korporation« in seinem etymologischen Sinn von »einen Körper verleihen« verstanden werden; eine »Verleihung«, die die wesentliche Funktion des Staates war und diejenige, die seine Einheit und seinen Fortbestand sichern würde. Wenn die Gemeinschaft ein organisches Ganzes ist, dann ist Abweichung verderblich und kann nicht toleriert werden. Alle müssen einheitlich handeln, Uneinigkeit als wahrhaft schädlich meiden und die Einheit suchen, die allein durch einen von der göttlichen Vorsehung gesandten Mann gesichert werden kann. Es war dieses einheitliche Leben, das Leben der Nation, das die Faschisten dazu veranlasste, von einer Identität der Interessen zu sprechen, die Arbeiter und Arbeitgeber zusammenschloss. Diese organische Sicht der Nation führte natürlich zum Kollektivismus und zum Druck auf die am stärksten vernachlässigten und die produktivsten Bereiche der Gemeinschaft. Hierin lag der Sozialismus des nationalen Sozialismus, der geistige Ursprung seiner antibürgerlichen und antikapitalistischen Orientierung. Wenn wir uns der Verbürgerlichung der damaligen Sozialisten und ihrer Einbindung in Regierungen während der zwanziger und dreißiger Jahre erinnern, dann ist es einfacher zu verstehen, warum die Faschisten sie nicht nur wegen der Spaltung der Nation, sondern auch wegen des Verlustes ihres revolutionären Geistes angriffen.[182]

182 Cf. Weber, *The Men of the Archangel*, S. 104.

Um das klarzustellen: Als die Faschisten sich erst einmal an der Macht befanden, erwiesen sie sich als eigentümlich gemäßigt in ihren reformerischen Ambitionen. Von ihrem revolutionären Eifer übertrug sich wenig in Strukturreformen. Zugegeben ist der einzige Faschismus, der nicht in Kriegszeiten zur Macht gelangte, der italienische, aber auch in seinem Fall fand sich die faschistische Revolution gefangen in einem Prozess, als dessen Opfer sich auch jene Parteien der Linken empfanden, die sich kapitalistischen Regimen angeschlossen hatten. Wie die französischen und belgischen Sozialisten, wie die britische Labour Party gaben sich die Faschisten damit zufrieden, den Kapitalismus zu verwalten. Es ist ebenfalls zutreffend, dass die Faschisten in großem Umfang durch die Kräfte der Reaktion neutralisiert wurden, die zu ignorieren sie sich nicht leisten konnten. Aber war Léon Blums Volksfront nicht gegen den Widerstand der gleichen Kräfte entstanden? Wenn die Faschisten den Marxismus und den Bolschewismus ablehnten, so lehnten sie zugleich auch den Konservatismus und das reaktionäre Etikett ab, und nahmen eine revolutionäre Ideologie an. Darin stimmten alle Faschisten überein: Für einige stand der Faschismus in der Nachfolge der jakobinischen Diktatur, für andere war er die Ursache der italienischen Revolution, die so weitreichend wie jede andere war, ausgenommen der französischen.[183] Doch wenn wir diese revolutionäre Sehn-

183 Cf. Barrès, op. cit., S. 14 f.; cf. auch die charakteristische Passage bei Robert Brasillach: »... Wir haben trotz des Anscheins nicht viel gemeinsam, Herr Konservativer. Wir verteidigen einige wenige Wahr-

sucht für einen Moment beiseitelassen, dann ist der Faschismus als Repräsentant einer Bewegung zu betrachten, deren Hauptziel es war, jene Einheit der Nation (wieder-)herzustellen, die durch den Liberalismus und den Individualismus zerbrochen worden war, und in die Nation diejenige Klasse wieder einzugliedern, die ihr am grundlegendsten entfremdet war – das Proletariat. Als Nachfolger des nationalen, antimarxistischen Sozialismus stellte der Faschismus einen extrem gewalttätigen Versuch dar, dem sozialen Körper seine Einheit, Unversehrtheit und Totalität zurückzugeben. Und hier finden wir den großen inneren Widerspruch, dem der Faschismus niemals entfliehen konnte. Er wollte eine Bewegung der Zusammenführung sein, wurde aber der Beförderer des Bürgerkriegs. Aber, so mögen wir fragen, ist das nicht das Schicksal jeder revolutionären Bewegung?

heiten auf die Weise, von der wir denken, dass sie so verteidigt werden sollten, nämlich gewalttätig, leidenschaftlich, respektlos, mit unseren Leben. Zuweilen hat das für uns einigen Wert gehabt, Herr Konservativer. Das könnte eines Tages auch für Sie so sein. In den Momenten, in denen Sie glauben, ohne diese kompromittierenden Leibwächter auszukommen, ziehen Sie es vor, von anderen Dingen zu sprechen und sie aus der Distanz zu betrachten. Die handeln auf eigenes Risiko, nicht wahr? Das ist deren Sache, nicht die Ihrige. Sie waren das, der das gesagt hat, Herr Konservativer. Deren eigenes Risiko. Nicht Ihres. Wir sind keine Söldner. Wir sind nicht die Sturmtruppen der bien-pensants (Im Original französisch. Etwa: Konformisten, Angepasste; Anmerkung des Übersetzers). Wir sind nicht die SA des Konservatismus.« (*An einen Konservativen*, in: Je suis partout v. 23. Februar 1940)

Schließlich, nachdem sie durch ihren Hass auf die Klassenpolitik, die unvereinbar mit ihrem organischen Nationalismus war, endgültig nach rechts gerückt waren, fanden sich die Faschisten als logische Konsequenz der Auseinandersetzung mit der Linken in opportunistische Bündnisse getrieben, die ihr Image zerstörten, ihren Radikalismus schwächten und ihre Gegnerschaft gegen den Marxismus verstärkten, der ihrem nationalistischen Kollektivismus entgegenstand. Das revolutionäre Potential der faschistischen Bewegungen wurde also weitgehend aufgehoben durch das Wirken der Dichotomie zwischen links und rechts, in der sie gefangen waren. In den kritischen Momenten waren die einzigen ihnen möglichen Bündnisse solche mit konservativen und reaktionären Elementen; schließlich war der größte Feind der Faschisten die Linke. Jedoch entstanden diese Bündnisse nur, wo eine Linke tatsächlich existierte. Wie Eugen Weber gezeigt hat, war der Faschismus in denjenigen Ländern, wo es keine Linke gab, die revolutionäre Bewegung par excellence.[184]

Anders als jene Historiker, deren Urteil durch »Distanz« und »Perspektive« eher geschädigt als verbessert worden zu sein scheint, wussten die Faschisten und Revolutionäre in Bukarest und London, Oslo und Madrid sehr wohl, was sie von der reaktionären Rechten trennte, und sie waren nicht angetan von den propagandistischen Versuchen, sie über einen Kamm zu scheren. Admiral Horthy, General Antonescu,

184 Cf. Eugen Weber, *The Men of Archangel*, S. 124 f.

Colonel Garf de La Rocque, Marschall Pétain, General Franco, König Victor Emmanuel und die belgischen und britischen Konservativen wussten sehr genau, dass es nur der Druck der Umstände gewesen war, der sie zu Partnern der Bewegungen von Szálasi, Codreanu, Déat und Doriot, José Antonio und Mussolini, Degrelle und Oswald Mosley gemacht hatte, und sie stachen diese, so schnell sie nur konnten, wieder aus.

Die europäischen Konservativen, ob Diktatoren oder Liberale – Reaktionäre wie Maurras eingeschlossen –, empfanden wenig Sympathie für eine Bewegung, die im umfassenden Sinn des Wortes wesentlich national-sozialistisch war, und die, während sie den Marxismus angriff, selbst die sozialen Beziehungen auf eine vollkommen neue Grundlage stellen wollte und die etablierte Ordnung als Relikt einer überholten Welt betrachtete. In diesem Sinn war die faschistische Ideologie eine revolutionäre Ideologie, da ihre Prinzipien eine deutliche Bedrohung für die alte Ordnung bedeuteten. Dynamisch, aktivistisch und erfüllt von einem Geist der Rebellion, der den Anhängern offensichtlich zuwider war, beförderte der Faschismus ein populistisches Elitedenken, das nichts als Abscheu für die alte europäische Aristokratie übrig hatte. Die Faschisten vertraten den Kult der Jugend, der Brutalität und der Gewalt, und sie wollten sowohl einen neuen Menschentyp als auch eine neue Zivilisation schaffen, in der eine moderne Ritterschaft die Herrschaft über die liberalen Bürger und die dekadenten, konservativen Aristokraten ausüben würde. Gekrönt würde all dies durch einen totalitären Staat, der in den Händen des Führers das perfekteste Instrument werden würde, das jemals zur Schaffung einer neuen Ordnung erdacht wurde. Diese Ziele waren keine, denen sich die klassische Rechte anschließen konnte, noch konnten solche Ziele tatsächlich auf lange Sicht ihren Interessen dienen.

Dort, wo die Rechte zu schwach war, ihr eigenes Terrain zu halten, erzielte der Faschismus seine bemerkenswertesten Erfolge. In Zeiten der akuten Krise wandte sich die Rechte an die neue revolutionäre Bewegung – der einzigen zur Auseinandersetzung mit dem Kommunismus fähigen – mit der Bitte um Hilfe, aber behandelte sie stets mit dem tiefsten Misstrauen. Im Gegenteil tat die Rechte dort, wo sie hinreichend zuversichtlich war, dem Marxismus selbst entgegentreten zu können, wo ihre Positionen noch nicht gefährlich bedroht waren und wo sie eine solide soziale Basis hatte, alles in ihrer Macht liegende, um zu verhindern, dass das faschistische Phänomen ausuferte. Sie konzentrierte sich vor allem darauf, die faschistischen Truppen zu manipulieren und Geld dafür auszugeben, die eigenen Interessen zu sichern. Westeuropa, einschließlich Spaniens, stellt ein gutes Fallbeispiel dar. Es war nicht die Stärke der Rechten, sondern ihre verhältnismäßige Schwäche, ihre Ängste und ihre Panikattacken, die eine der wesentlichen Voraussetzungen für den faschistischen Erfolg schufen.

Weiterführende Literatur

Volkmar Wölk

Avineri, Shlomo / Zeev Sternhell (Hrsg.): *Europe's Century of Discontent. The Legacies of Fascism, Nazism and Communism*; Jerusalem: The Hebrew University Magnes Press, 2003.

Béhar, Pierre / Françoise Lartillot / Uwe Puschner (Hrsg.): *Médiation et conviction. Mélanges offerts à Michel Grunewald*; Paris: L'Harmattan, 2007.

Berstein, Serge / Michel Winock (Hrsg.): *Fascisme français? La controverse*; Paris: CNRS Éditions, 2014.

Bock, Hans Manfred: *Theoretische Gleichläufigkeit und Ungleichzeitigkeit. Totalitarismus- und Faschismusdebatten in Frankreich und Deutschland*; in: Michel Grunewald / Olivier Dard / Uwe Puschner (Hrsg.): *Auseinandersetzungen mit dem Nationalsozialismus in deutsch- und französischsprachigen Europa 1919–1949*, Bd. 1; Bern u. a.: Peter Lang, 2017, S. 115–136.

Cremet, Jean: *Die Kultur des Faschismus. Zeev Sternhell analysiert den Faschismus als ideologische Synthese, nicht, wie der Verlag suggeriert, als Gegenstück zum Linksradikalismus*; Jungle World 2/2000 (Rezension von Sternhell/Sznajder/Asheri 1999; online abrufbar unter: https://jungle.world/artikel/2000/02/die-kultur-des-faschismus, abgerufen am 21.8.2018).

Dobry, Michel (Hrsg.): *Le mythe de l'allergie française au fascisme*; Paris: Albin Michel, 2003

Dobry, Michel: *La thèse immunitaire face aux fascismes. Pour une critique de la logique classificatoire*; in: Dobry 2003, S. 17–68.

Dobry, Michel: *February 1934 and the Discovery of French Society's Allergy to the ›Fascist Revolution‹*; in: Jenkins 2005, S. 129–150.

Dobry, Michel: *Desperately Seeking ›Generic Fascism‹: Some Discordant Thoughts on the Academic Recycling of Indigenous Categories*; in: Costa Pinto 2011, S.53–84.

Englund, Steven: *Antisémitisme, boulangisme et nationalisme fin de siècle: L'impasse Zeev Sternhell*; in: Berstein/Winock 2014, S. 95–118.

Erra, Enzo: *Le radici del Fascismo. Una storia da riscrivere*; Roma: Settimo Sigillo, 1995.

Siegfried Gerlich: *Marx von rechts – eine Debatte*; https://sezession.de/59438/marx-von-rechts-eine-debatte-1 (abgerufen am 25.09.18).

Gerstner, Alexandra / Gregor Hufenreuter: *Bewegung ohne Programm. Das Intellektuellen-Netzwerk um die Zeitschrift* Gegner. Für neue Einheit *(1931–1933)*; in: Béhar/Lartillot/Puschner 2007, S. 651–666.

Hellman, John: *The Communitarian Third Way. Alexandre Marc and Ordre Nouveau 1930–2000*; Montreal u. a.: McGill-Queen's University Press, 2002.

Jäger, Siegfried / Jobst Paul (Hrsg.): *»Diese Rechte ist immer noch Bestandteil unserer Welt«. Aspekte einer neuen Konservativen Revolution*; Duisburg: DISS, 2001.

Jenkins, Brian (Hrsg.): *France in the Era of Fascism. Essays on the French Authoritarian Right*; New York / Oxford: Berghahn, 2005.

Jenkins, Brian: *Contextualising the Immunity Thesis*; in: ders. 2005, S. 1–21.

Jenkins, Brian / Chris Millington: *France and Fascism. February 1934 and the dynamics of political crisis*; London / New York: Routledge, 2015

jour fixe initiative (Hrsg.): *Geschichte nach Auschwitz*; Münster: Unrast, 2002.

Julliard, Jacques: *Sur un fascisme imaginaire: à propos d'un livre de Zeev Sternhell*; in: Berstein/Winock 2014, S. 69–94.

Landa, Ishay: *The Apprentice's Sorcerer. Liberal Tradition and Fascism*; Chicago: Haymarket Books, 2012.

Laqueur, Walter (Hrsg.): *Fascism. A Reader's Guide. Analyses, Interpretations, Bibliography*; Aldershot: Wildwood 1976.

Laqueur, Walter / George L. Mosse (Hrsg.): *Internationaler Faschismus 1920–1945*; München: Nymphenburger, 1966.

Larsen, Stein Ugelvik / Bernt Hagtvet / Jan Petter Myklebust (Hrsg.): *Who where the Fascists? Social Roots of European Fascism*; Bergen/Oslo: Universitetsforlaget, 1980.

Lebourg, Nicolas: *»Ni droite, ni gauche: en avant!«: en quête d'une "Troisième voie; in: Acteurs, tendances et contestations de l'économie contemporaine en Méditerranée occidentale (XIXe–XXe siècles).* Travaux réunis par Nicolas Marty, Domitia: Presses Universitaires de Perpignan, 2004, S. 109–124.

Linz, Juan J.: *Some Notes Toward a Comparative Study of Fascism in Sociological Historical Perspective*; in: Laqueur 1966, S. 103–123.

Maier, Charles S.: *Taking Fascism Seriously*; in: Avineri/Sternhell 2003, S. 43–59.

Mazgaj, Paul: *The Action Française And Revolutionary Syndicalism*; Chapel Hill: University of North Carolina Press, 1979.

Merlio, Gilbert (Hrsg.): *Ni gauche, ni droite: les chassés-croisés idéologiques des intellectuels français et allemands dans l'Entre-deux-guerres*; Talence: Editions de la Maison des Sciences de l'Homme d'Aquitaine, 1995.

Mohler, Armin: *Umwälzung in der Faschismus-Forschung. Das erstaunliche Buch eines israelischen Professors;* in: Criticón Nr. 76 (März/April 1983), S. 90–94.

Mohler, Armin: *Die Konservative Revolution in Deutschland 1918–1932. Ein Handbuch*; Darmstadt: Wissenschaftliche Buchgesellschaft, 3., um einen Ergänzungsband erw. Aufl. 1989.

Mohler, Armin / Thierry Mudry / Robert Steuckers: *Généalogie du fascisme français. Dérives autour des travaux de Zeev Sternhell et Noel O'Sullivan*; Genève: Idhuna, 1986.

Mohler, Armin / Robert Steuckers: *Généalogie du fascisme français. Dérives autour du travail de Zeev Sternhell*; o. O.: Éditions du Lore, 2017.

Mohler, Armin / Karlheinz Weissmann: *Die Konservative Revolution in Deutschland 1918–1932. Ein Handbuch*; Graz: Ares, 6. völlig überarb. u. erw. Aufl. 2005.

Mosse, George L.: *Die Entstehung des Faschismus*; in: Laqueur/Mosse 1966, S. 29–45.

Navet, Georges: *Le Cercle Proudhon (1911–1914). Entre le syndicalisme révolutionnaire et l'Action française*; in: »Mil neuf cent« Nr. 10 (1992), S. 46–63.

Passmore, Kevin: *The Ideological Origins of Fascism before 1914*; in: Bosworth 2009, S. 11–31.

Pattieu, Sylvain: *L'illusion immunitaire, ou le fascisme est-il soluble dans la démocratie libérale?*; in: Contre Temps 2003, S. 16–24.

Röhrich, Wilfried: *Robert Michels. Vom sozialistisch-syndikalistischen zum faschistischen Credo*; Berlin: Duncker & Humblot, 1972 (Beiträge zur politischen Wissenschaft, Bd. 14).

Soucy, Robert: *Das Wesen des Faschismus in Frankreich*; in: Laqueur/Mosse 1966, S. 46–85.

Soucy, Robert: *Fascism in France. The Case of Maurice Barrès*; Berkeley: University of California Press, 1972.

Soucy, Robert: *French Fascism: The Second Wave, 1933–1939*; New Haven / London: Yale University Press, 1995.

Soucy, Robert: *Fascism in France: Problematising the Immunity Thesis*; in: Jenkins 2005, S. 65–104.

Steil, Armin: *Die imaginäre Revolte. Untersuchungen zur faschistischen Ideologie und ihrer theoretischen Vorbereitung bei Georges Sorel, Carl Schmitt und Ernst Jünger*; Marburg: Verlag Arbeiterbewegung und Gesellschaftswissenschaft, 1984.

Sternhell, Zeev: *Fascist Ideology*; in: Laqueur 1976, S. 315–37.

Sternhell, Zeev: *Strands of French Fascism*; in: Larsen/Hagtvet/Myklebust 1980, S. 479–500.

Sternhell, Zeev (Hrsg.): *L'éternel retour. Contre la démocratie l'idéologie de la décadence*; Paris: Presses de la Fondation nationale des Sciences Politiques, 1994.

Sternhell, Zeev: *La troisième voie fasciste ou la recherche d'une culture politique alternative*; in: Merlio 1995, S. 17–29.

Sternhell, Zeev: *The Founding Myths of Israel. Nationalism, Socialism, and the Making of the Jewish State*; Princeton: Princeton University Press, 1998.

Sternhell, Zeev: *Maurice Barrès et le nationalisme français*; Paris: Fayard, erw. Ausg. 2000 [zuerst: Paris 1972].

Sternhell, Zeev: *Ni droite, ni gauche. L'idéologie fasciste en France*; Paris: Fayard, 3. erw. u. überarb. Aufl. 2000 [zuerst: Paris 1978].

Sternhell, Zeev: *La Droite révolutionnaire. 1885–1914. Les origines françaises du fascisme*; Paris: Fayard, 3., erw. Aufl. 2000 [zuerst: Paris 1978].

Sternhell, Zeev: *»Ein Marxist kann nicht Nationalist sein«. Ein Gespräch mit dem israelischen Historiker Zeev Sternhell über die faschistischen Bewegungen in Europa, den Nationalsozialismus und die antimaterialistische Revolte*; in: »Jungle World« 13/2001 (online abrufbar unter: https://jungle.world/artikel/2001/13/ein-marxist-kann-nicht-nationalist-sein, abgerufen am 21.8.2018).

Sternhell, Zeev: *Von der Aufklärung zum Faschismus und Nazismus. Reflexionen über das Schicksal von Ideen in der Geschichte des 20. Jahrhunderts*; in: Jäger/Paul 2001, S. 15–48 [textidentisch in: Jour Fixe Initiative 2002].

Sternhell, Zeev: *Faschistische Ideologie*; Berlin: Verbrecher Verlag, 2002 [zuerst in: Laqueur 1976, S. 315–376].

Sternhell, Zeev: *Le Fascisme, ce »mal du siècle«*; in: Dobry 2003, S. 361–406.

Sternhell, Zeev: *From Counter-Enlightenment tot he Revolutions of the 20th Century*; in: Avineri/Sternhell 2003, S. 3–22.

Sternhell, Zeev: *Morphology of Fascism in France*; in: Jenkins 2005, S. 22–64.

Sternhell, Zeev: *Les anti-Lumières. Une Tradition du XVIIIe siècle à la guerre froide*; Paris: Gallimard, 2. überarb. u. erw. Aufl. 2010 (Folio Histoire 176).

Sternhell, Zeev: *Fascism*; in: Iordachi 2010, S. 53–59.

Sternhell, Zeev: *Von der Gegenaufklärung zu Faschismus und Nazismus. Gedanken zur europäischen Katastrophe des 20. Jahrhunderts*; in: Globisch/Pufelska/Weiß 2011, S. 19–40.

Sternhell, Zeev: *Ni droite, ni gauche. L'idéologie fasciste en France*; Paris: Gallimard, 4. erw. Aufl. 2012 (folio histoire 203).

Sternhell, Zeev: *Histoire et Lumières. Changer le monde par la raison. Entretiens avec Nicolas Weill*; Paris: Albin Michel, 2014.

Sternhell, Zeev: *Le fascisme, mythologie et politique de la haine*; in: Badie/Vidal 2018, S. 23–29.

Sternhell, Zeev / Mario Snajder/Maia Asheri: *The Birth of Fascist Ideology. From Cultural Rebellion to Political Revolution; Princeton*: Princeton University Press, 1994.

Sternhell, Zeev / Mario Sznajder/Maia Asheri: *Die Entstehung der faschistischen Ideologie. Von Sorel zu Mussolini*; Hamburg: Hamburger Edition, 1999.

Thomas, Jean-Paul: *Croix de feu et PSF: les variations de Zeev Sternhell*; in: Berstein/Winock 2014, S. 119–138.

Winock, Michel: *Les limites de l'idéalisme historique*; in: Berstein/Winock 2014, S. 33–52.

Winock, Michel: *À propos d'une attaque de Zeev Sternhell*; in: Berstein/Winock 2014, S. 231–235.

Zu dieser Ausgabe

»Faschismus gehört zu unserer Geschichte. Er ist eine permanente Bedrohung für die liberale Demokratie und für die soziale Demokratie, die beide im Geist der Aufklärung verwurzelt sind. Es ist ein ruhendes Phänomen: In Zeiten von Frieden und Wohlstand fühlt man seine Existenz nicht. Aber in schwierigen Zeiten wie jenen, die wir gerade erleben, gewinnen faschistische Ideen an Stärke und treten zutage. Faschismus befasste sich und befasst sich weiterhin mit einem realen Problem: Die Natur von sozialen Beziehungen.«

Dies sagte Zeev Sternhell 2016 in einem Interview mit Jan Feddersen, das in der taz, die Tageszeitung erschien. Und dies sagte er bereits vor vierzig Jahren, 1976, als sein Essay »Faschistische Ideologe« erstmals veröffentlicht wurde, auf Englisch, in dem von Walter Laqueur herausgegebenen Band »Fascism. A Reader's Guide. Analyses, Interpretations, Bibliography«.

Seine Worte bestärken uns darin, diese wichtige Analyse erneut zu publizieren.

Denn Sternhell ist im deutschsprachigen Raum noch immer vor allem ein großer Unbekannter – dabei gilt er in der restlichen Welt als einer der bedeutendsten Kenner der faschistischen Bewegungen.

Sternhell wurde 1935 im polnischen Przemyśl in eine jüdische Tuchhändlerfamilie hineingeboren. Nur mit der Hilfe von Helferinnen und Helfern, die ihn als katholisches Kind ausgaben, konnte er die deutsche Besatzung Polens überleben, seine Mutter und seine Schwester wurden im Holocaust ermordet. 1946 kam er mit einem Kindertransport des Roten Kreuzes nach Frankreich, fünf Jahre später wanderte er – als Jugendlicher – nach Israel aus.

1969 promovierte er am Institut für politische Studien in Paris mit einer Arbeit über Maurice Barrès. Ab 1973 lehrte er an der Hebräischen Universität Jerusalem, an der er studiert und in den Sechzigerjahren als Lehrassistent gearbeitet hatte. An der dortigen Fakultät für Politikwissenschaften unterrichtete er ab den Siebzigerjahren, ab 1982 als ordentlicher Professor für Politikwissenschaften. Von 1989 bis zu seiner Emeritierung im Jahr 2003 war er Léon-Blum-Professor an der Spitze der Fakultät.

Seine These, dass Frankreich die »eigentliche Wiege des Faschismus« sei und dass »der Prozess des Hinübergleitens von der Linken zur Rechten als eines der Hauptelemente in der Entstehung des Faschismus« angesehen werden müsse, wurde nicht nur in Frankreich sehr breit und sehr kontrovers diskutiert – und machte ihn weltweit bekannt.

2008 wurde er mit dem Israel-Preis für politische Wissenschaften ausgezeichnet. Im selben Jahr wurde vor seinem Haus in Tel Aviv ein Bombenanschlag auf ihn verübt, den er leicht verletzt überlebte. Immer wieder steht er vor allem wegen seiner Beiträge für die Tageszeitung Haaretz in der Kritik, in denen er sich zur aktuellen Politik äußert. Besonders rechte israelische Gruppen attackieren ihn immer wieder.

2016 wurde er in Anerkennung seiner wissenschaftlichen Verdienste in die American Academy of Arts and Sciences aufgenommen. Und noch immer hält er im In- und Ausland Vorträge über den Faschismus und publiziert weiterhin politische Kommentare.

Im Jahr 1999 regte Volkmar Wölk an, den 1976 im oben erwähnten Sammelband erschienen Text »Faschistische Ideologie« in deutscher Übersetzung und mit dem Untertitel »Eine Einführung« als Einzelpublikation herauszubringen. Zeev Sternhell hatte daraufhin seinen Essay noch einmal gegenlesen wollen und der erneuten Publikation schließlich zugestimmt. 2002 schließlich erschien das Buch in Wölks Übersetzung mit einem Vorwort von Anton Landgraf.

Drei Jahre zuvor war in der Hamburger Edition Sternhells Studie »Die Entstehung der faschistischen Ideologie. Von Sorel zu Mussolini«, die er gemeinsam mit Maia Asheri und Mario Sznajder verfasst hatte, auf Deutsch erschienen. Beide Bücher wurden begeistert aufgenommen. Es schien damals so, als könne der Entdeckung Sternhells auch im deutschen Sprachraum nichts mehr entgegenstehen. Und tatsächlich haben etwa Bini Adamczak, Kerstin Köditz oder Volker Weiss immer wieder auf Sternhell und seine Theorien hingewiesen.

Doch bis heute sind die weiteren Bücher Zeev Sternhells, etwa seine umfangreichen Studien zum Faschismus, nicht auf

Deutsch erschienen, und die beiden Titel, die es von ihm auf Deutsch gab, sind inzwischen wieder vergriffen.

Dabei hat die nationalistische, präfaschistische und offen faschistische Rechte im vergangenen Jahrzehnt in der ganzen Welt enormen Zulauf erfahren. Zugleich fordern immer mehr linke Gruppierungen, wieder affirmativ von Heimat, Volk und Nation zu sprechen und diese Begriffe somit den »Rechten wegzunehmen« – indem man deren Ideologie adaptiert? Auch wollen einige »Klassenkämpfer« nicht mehr in Lesekreisen oder an den Universitäten die ökonomischen Fragen diskutieren, sondern vor allem offen ihre Virilität ausleben und über die Straße »marschieren« – und die Errungenschaften des Feminismus, der queeren und antirassistischen Bewegungen, ja, all die Ideen und Ideale der Identitätspolitik zugunsten eines völkischen und nationalen Sozialismus wegwischen. Aus diesem Grund bilden sie immer häufiger mit rechten Hetzern eine sogenannte Querfront gegen die verhassten »demokratischen Eliten« und die »Intellektuellen«.

Doch Asheri, Sternhell und Sznajder schreiben in »Die Entstehung der faschistischen Ideologie« zurecht: „Wenn der Antirationalismus zu einem politischen wird, zu einem Mittel für die Mobilisierung der Massen und zu einer Waffe gegen den Liberalismus, den Marxismus und die Demokratie, wenn er mit einem starken Kulturpessimismus, einem ausgeprägten Kult der Gewalt und der aktivistischen Elite einhergeht, dann führt er zwangsläufig zu faschistischem Denken.«

Umso wichtiger erscheint es uns, Zeev Sternhells Einführung in die faschistische Ideologie mit dieser vollständig überarbeiteten Übersetzung von Volkmar Wölk erneut vorzulegen.

Wir folgen in dieser Ausgabe wie bei der vorigen der Zitation Sternhells. Da er oft indirekt zitiert, verweisen wir in der Regel auch nicht auf eventuell schon erschienene deutsche Übersetzungen der Titel, um nicht ungenau zu werden. Die Literaturliste hingegen hat Volkmar Wölk auf den aktuellen Stand gebracht, dabei haben neuere Texte zu Sternhell – auch vonseiten der radikalen Rechten – in sie Eingang gefunden.

Sicherlich ist der Text nicht mehr auf dem neuesten wissenschaftlichen Stand, auch ist er in vielen Punkten nicht ausführlich genug. Aber er dient weiterhin als eine gut lesbare Einführung in das Thema. Und eine solche Einführung in die Funktionsweisen der faschistischen Ideologie wird dringend benötigt, von allen Teilen der Gesellschaft. Gerade jetzt.

Berlin, Juni 2019
Kristine Listau und Jörg Sundermeier